W0356811

Die Rheinländer pauschal Wer sich unter Rheinländern wohl fühlt, ist entweder selbst ein Rheinländer oder ein Mensch, der zu immerwährender Lebensfreude und Frohsinn verdammt am Rhein das irdische Dasein in vollen Zügen genießt. Über die Rheinländer gibt es viele Vorurteile, die möglicherweise richtig sind, doch rheinisches Image und rheinische Identität sind nicht unbedingt dasselbe.
Wer an die Rheinländer denkt, hat sofort ein Bild vor sich, wie sie mit ausgelassener Fröhlichkeit monatelang am Karnevalstreiben teilnehmen, klüngeln und ihr Kölsch oder Alt dazu trinken. Viele zeitgenössische Rheinländer haben ihre Lieblingsbeschäftigung, das »Verzellche« zum Beruf gemacht: Sie sind in vielen Branchen der Medienindustrie von TV bis zur Werbung tonangebend oder werden als Publikum für die zahllosen Unterhaltungssendungen und Talkshows zum Lachen für Deutschland eingesammelt.
Die Rheinländer haben aber auch durch ihre Arbeit und durch die Art, wie sie Politik machen, vor allem in den vergangenen fünfzig Jahren einen bestimmenden Einfluß auf ganz Deutschland ausgeübt.
Was typisch für die Rheinländer ist, geht weder in dem modernen Begriff Region noch in dem alten Wort Heimat ganz auf. Es genügt ja auch schon, wenn die Rheinländer sich in dem Bewußtsein sonnen, gemeinsam anders zu sein.

In dieser Serie: ›Die Badener pauschal‹ (Bd. 14383),›Die Bayern pauschal‹ (Bd. 14051), ›Die Berliner pauschal‹ (Bd. 14052), ›Die Hamburger pauschal‹ (Bd. 14056), ›Die Hessen pauschal‹ (Bd. 14161), ›Die Pfälzer pauschal‹ (Bd. 14164), ›Der Ruhrpott pauschal‹ (Bd. 14054), ›Die Sachsen pauschal‹ (Bd. 14053), ›Die Schwaben pauschal‹ (Bd. 14139), ›Die Thüringer pauschal‹ (Bd. 14138).
Hinweise auf weitere ›Pauschal‹-Bände finden Sie auf Seite 160.

Ulrich Wünsch, geboren 1957 in Düsseldorf, wuchs im Rheinland auf. Er studierte Germanistik, Psychologie und Sinologie und arbeitet als Dramaturg, Übersetzer, Journalist, Buch- und Fernsehautor. Ulrich Wünsch lebt in der Nähe von Bonn.

Die Rheinländer pauschal

Von Ulrich Wünsch

Fischer Taschenbuch Verlag

Originalausgabe
Veröffentlicht im Fischer Taschenbuch Verlag GmbH,
Frankfurt am Main, April 1999

© Fischer Taschenbuch Verlag GmbH, Frankfurt am Main 1999
Druck und Bindung: Clausen & Bosse, Leck
Printed in Germany
ISBN 3-596-14136-2

Inhalt

Rheinisches Image & rheinische Identität

Rheinländer sind Wesen, die im Paradies auf Erden leben. Aus Prinzip und überall. Der vom Schöpfer kleinlich nachtragend geahndete Sündenfall hat im Rheinland einfach nicht stattgefunden. So leben die rheinischen Lieblingskinder Gottes sorgenfrei und angeheitert in ihrem eigenen regenfeuchten Garten Eden vor sich hin: Ein ewiger innerer Sonnenschein erleuchtet die Tiefebene, der als Frohsinn in die Welt ausstrahlt.

Rheinländer-Sein ist ein ganz spezieller Gemütszustand, der nicht nur an geographische Grenzen oder Geburts-Zufälligkeiten gebunden ist. Denn jede & jeder, der oder die selbstverliebt und weder vor- noch rückwärts schauend, beständig laut redend und mit den Armen wedelnd durchs Dasein treibt, ist tief in seiner Seele Rheinländer. Doch hat sich über die Jahrtausende der Evolution hinweg die größte Zahl von Rheinländern auf diesem Planeten in Sichtweite des Kölner Doms versammelt. Rund um das mythische Zentralkraftwerk rheinischen Seins lebt es sich ganz ungeniert. Echte Rheinländer sollten wenigstens einmal im Leben zum Dom gepilgert sein und dort siebenmal die Heiligen Drei Könige umrundet haben. Nach erfolgreicher Pilgerschaft dürfen sie den rheinischen Ehrentitel »Schmitz« in ihrem Namen führen.

Die Anziehungskraft der weithin bekannten paradiesischen Zustände machte das Rheinland zu einem der ersten Melting Pötte der Erde: Neandertaler, Kelten, Römer aller Provinzen, die halbe Völkerwanderung, Franken, Hunnen, Türken, Italiener, Japaner, sogar Preußen und Regierungsbeamte vereinten und vereinen sich in einem gentechnischen Freilandversuch zu jener Multikulti-Mischung, die man heute »Rheinländer« nennt. Ihre Einsicht in das Zusammenspiel von Mensch & Mensch, gewonnen aus langer Erfahrung und praktischer karnevalistischer Übung, bringen die Bewohner des Rheinlandes auf die knappe Formel: »Jeder Jeck is anders.«

Wie sie sich selbst sehen

Glaubt man den Rheinländern, gibt es keine großzügigeren, offeneren, liebenswerteren, attraktiveren, symphatischeren Menschen als sie selbst. Das teilen sie jedem auch gern und ungefragt mit. Nirgendwo ist es schöner als in Domnähe, und *dat hillije Kölle* gilt als unübertroffene Mischung aus Klerus, Kapital, Kuriosa, Kalamitäten und Katastrophen. Diese Vorbildfunktion für Ganzdeutschland wurde früh von einem Durchreisenden bescheinigt: »Man ist erstaunt, in diesem Barbarenland eine derart feine städtische Bindung anzutreffen. Welch ein Stadtbild, welche Würde bei den Männern, welche

Anmut bei den Frauen«, schrieb Francesco Petrarca. Der mittelalterliche rheinische Fremdenverkehrsverband hat diese Betrachtungsweise sicher mit einem Druckkostenzuschuß selbstlos unterstüzt, denn für Eigen-PR war im Rheinland immer was zu holen.

Die Rheinländer heute setzen sich aus einer Reihe von Bestandteilen in individuell durchaus verschiedenen Mischungsverhältnissen zusammen: melancholischer Frohsinn, chaotische Gelassenheit, emotionale Intelligenz, militante Friedlichkeit, abgründige Sentimentalität, besinnungsloser Humor, perfekte Eigenliebe, spaßiges Selbstmitleid, existentielle Leichtlebigkeit, spontaner Schalk. Diese scheinbar auseinanderstrebenden Kräfte werden im Innern der Rheinländer vereint und gemäß der rheinischen Zauberformel »Mir han e jroß Hätz« ausgehalten.

Die Rheinländer sind grundsätzlich positive Menschen. Egal, in welcher Bredouille sie stecken, egal, ob ihnen das Wasser bis zum Hals steht: »Et is noch immer jot jejange.« In aller Gemütsruhe verlassen sie die Kriegsschauplätze und Familiendramen dieser Welt und sagen ja. Wozu ist egal. Leben light lautet ihre Devise, Frohsinn um jeden Preis. Die Rheinländer begreifen sich als Sonntags- und Glückskinder, denen hienieden unter dem Schutz einer großen Vorsehung eigentlich nichts passieren kann. Die Sinnfrage wird im Rheinland nicht gestellt, das erleichtert das Leben kolossal. Reflexartig und rein instinktiv interpretieren die Rheinländer die Wirklichkeit immer zu ihren Gunsten: »Enä, is dat heut widder schön«, selbst wenn das Rheinland wochenlang von fetten Regenwolken unter Wasser gesetzt wurde.

Dies gelingt im rheinischen Paradies auch ohne Ecstasy oder Extremsportarten, es reicht ein Verzellche und ein obergäriges Bier.

Um einigermaßen schonend durch den Tag zu kommen, haben die Rheinländer ihr *Jeschäf*, woanders auch Geschäft genannt. Das kann jede Art gewinnbringender und bequemer Tätigkeit sein, die verhindert, daß das tägliche Ringen um die Existenz zu einem schweißtreibenden Wettkampf ausartet. Die natürliche Kommunikationsveranlagung kommt dieser Art Daseinsbewältigung sehr entgegen. Getreu dem rheinischen Credo: »Lieber reden als arbeiten« maggelt man hier ein bißchen, da ein bißchen und kommt ganz gut über die Runden. Die Rheinländer sind die Vorreiter einer wahrhaft modernen Freizeitgesellschaft.

Rheinischer Glaube

Die rheinisch-katholische Lehre wird im Alltag – und der macht in etwa hundert Prozent des rheinischen Lebens aus – durch die buddhistische Glaubensrichtung des Zen vollendet. Wichtige, formelhafte Lehrsätze des rheinischen Zen begleiten die rheinischen Frauen und Männer durchs Dasein. Allen voran: »Et kütt wie et kütt.« Hat man diese rheinisch-buddhistische Weisheit erst einmal in all ihrer Tiefe begriffen, kann einen so leicht nichts mehr erschüttern. Ergänzt wird diese metaphysische Einsicht durch den Lehrsatz: »Et is wie et is.« In der hingebungsvollen Anerkennung des Seins liegen rheinische Gelassenheit und rheinisches Glück begründet.

Durch stundenlanges Herumsitzen erlangen die Gläubigen die Erleuchtung. Einziger Unterschied der beiden Meditationsschulen: Die Asiaten schweigen beim Sitzen, die Rheinländer treten durch Sitzen und Reden augenblicklich ins Nirwana ein.

Wie sie von anderen gesehen werden

Die rheinische Genetik hat bei den Rheinländern alle Verklemmungen abgeklemmt und sie unwiderruflich zu Frohnaturen programmiert. Selbstverständlich tun die menschenfreundlichen Rheinländer alles, um diesem Bild gerecht zu werden: Sie liegen auf der faulen Haut, kommunizieren hemmungslos, klüngeln, was das Zeug hält, hechten jedem Amüsemang hinterher und machen überhaupt all das, was die anderen auch gern täten, würden sie sich nur trauen.

Großmaul, Faulpelz, Schlitzohr, falscher Fuffziger, diese und andere unschöne Bezeichnungen müssen sich die Rheinländer hingegen von anderen deutschen Stämmen gefallen lassen. Die Bewohner dieser Regionen wissen das Rheinland offenbar nicht richtig zu schätzen, schon gar nicht zu würdigen. Egal, wann man anruft, immer ist Karneval; egal, was man fragt, immer bekommt man eine blöde Antwort: Restdeutschland bleibt der rheinische Lebensentwurf sehr suspekt.

Immer wieder tauchen Berichte in benachbarten Regionen auf, man hätte sich mit einem Rheinländer in der Kneipe wunderbar unterhalten, sich bestens verstanden, ehrliche Komplimente ausgetauscht und Brüderschaft getrunken. Dann habe sich der Rheinländer umgedreht und ebenso übergangs- wie umstandslos bei anderen über den vorherigen Gesprächspartner gehetzt, ihn in die Pfanne gehauen, seine Schwächen übel aufs Korn genommen. Diese Unzuverlässigkeit und geringe Sensibilität in emotionalen Dingen, ja überhaupt allen Dingen, die anderen wichtig sind, schmerzt und irritiert Nicht-Rheinländer. Man muß schon ein dickes Fell haben im Rheinland. Rheinländer empfinden eben jeden kommunikativen Akt als grundsätzlich liebenswert: »Wie? Dat wor doch nich bös jemeint!« Bestellt man im rheinischen Brauhaus etwa ein Wasser, kommt automatisch die Replik: »Wir sin doch hier nicht im Aquarium.«

Besonders verbittert andere der rheinische Narzißmus. Die Rheinländer sind sich selbst genug, sie mögen sich. Grundsätzlich. Innen wie außen. Ohne Schuldgefühle oder Kindheitsverbiegungen. Nichts Schöneres, als morgens aufzustehen und ausführlich bewundernd in den Spiegel zu blicken.

Wie sie von anderen gesehen werden möchten

Savoir vivre: Am Rhein wird's gelehrt, am Rhein wird's gelebt. Meinen die Rheinländer. Hier kommen die verschiedenartigsten Völker relativ friedlich miteinander aus, selbst Männer und Frauen.

Tief im Sein verankert, können die Rheinländer ihren Geschäften nachgehen, ohne hetzen zu müssen, ohne beständig zu zweifeln oder zu grübeln. Sie leben ganz im Hier und Jetzt. Ihrer eigenen Ansicht nach zu Unrecht gelten die Rheinländer als oberflächlich, unbeständig, im Zweifelsfall clever. Den Kritikastern fehlt einfach die nötige rheinische Gelassenheit, das richtige Quantum *laissez faire, laissez aller*.

Die Rheinländerin fühlt sich als Französin, ihr an unwiderstehlichem Charme, Grazie, ja erotischem Flair und Modebewußtheit gleich. Der rheinische Mann mimt gern den lockeren Vogel. Er hält sich aufgrund weit entfernter Gigolo-Vorfahren für den deutschen Casanova und ist hundertprozentig sicher, attraktiv zu sein. Egal ob klein, dick, im Trainingsanzug oder in weißen Socken mit Sandalen: Der rheinische Mann weiß, daß er wirkt. Unentwegt phantasiert er von Eroberungen und Ausschweifungen. Das reicht ihm. Mann muß ja nicht gleich alles in die Tat umsetzen.

Die Rheinländer stehen zu ihrem Image, es entspricht voll und ganz ihrer Identität. Am liebsten lassen sie sich dies von einem Südtiroler bestätigen (mein Freund ist Ausländer!), der durch das Rheinland tourt und ihnen den Spiegel vorhält. In Konrad Beikircher hat die rheinische Mentalität zu sich gefunden: Er macht aus den Rheinländern, was sie eigentlich immer schon waren, sind und sein werden – vortreffliche Menschen.

Wie sie die anderen sehen

Man nimmt sich im Rheinland nicht ganz so ernst; andere auch nicht. Aber mit ihren schwerfälligen und schweigsamen Nachbarn haben es die Rheinländer nicht leicht.

Mit den Westfalen wurden sie bei der Nachkriegsneuordnung der Republik in die Zwangsjacke Nordrhein-Westfalen gepfercht, was nur schwer erträglich ist. Die Rheinländer haben bereits ihr halbes Leben erzählt oder zumindest ihre halbe Krankheitsgeschichte, da kratzen sich die Landmänner und -frauen aus dem Norden immer noch am Kopf und versuchen, den ersten Satz zu artikulieren. Westfalen wird, wo es nur geht, von den Rheinländern weiträumig umfahren.

Die Holländer betrachtet man am Rhein als einen Sonderfall der Westfalen. Ärgerlich ist, daß sie im Sommer nicht im eigenen Land bleiben, sondern auf ihrem Wohnwagen-Treck Richtung Süden das Leverkusener Kreuz verstopfen. Andererseits gelten die – respektvoll – Käsköpp Genannten als clever, da sie Küste und Ijsselmeer geschickt vermarkten. Was den Rheinländern gar nicht in den Kopf will, ist die holländische Unterwanderung der Entertainment-Branche seit Erfindung der Bildröhre. Jede Menge radebrechender Showmaster machen sich auf dem Bildschirm breit und vermiesen den Rheinländern ihre Humorquote: Johannes Heesters, Lou van Burg, Rudi Carell, Harry Wijnvoord, Linda de Mol, Frau Antje.

Die Belgier spielen im Weltbild der Rheinländer keine wesentliche Rolle. Das Land ist ein einziges Vakuum voll beleuchteter Autobahnen, die freundlicherweise die Durchreise nach Frankreich erleichtern. Was soll man von einem Land, in dem Bier aus Kirschen gebraut wird und die Fritten mit über zwanzig verschiedenen Soßen gegessen werden, auch erwarten?

Luxemburg, der europäische Tresor, liegt jenseits des

pekuniären Horizonts. Geld wird im Rheinland verlebt, nicht eingesperrt.

Die Pfälzer, ebenfalls mit den Rheinländern in einem föderalen Zwangsgebilde versammelt, sind einfach zu weit weg. Zwischen ihnen und den Rheinländern liegen zu große, zu dünn besiedelte Gebiete: Südeifel; Hunsrück ... Selbst sechzehn Jahre pfälzischer Herrschaft in Bonn haben nicht wesentlich zur Völkerverständigung beigetragen. Außerdem sind die Pfälzer – saumagenmäßig – kulinarisch ganz anders drauf.

Der Blick der Rheinländer geht einzig über die Grenzen nach Südwesten und Süden. Zu den Franzosen fühlen sich die Rheinländer in abgrundtiefer Liebe hingezogen. Paris könnte eigentlich am Rhein liegen, und die Baskenmütze kleidet auch Rheinländer wie Heinrich Böll. Man zehrt am Rhein vom Code Napoléon, von republikanischer Gesinnung sowie *Toujours l' amour*-Gerüchten.

Jede Menge positiver Gerüchte auch zu bella Italia: Köln, die nördlichste Stadt Italiens; Küchenwunder Römertopf; la Mama als Zentrum der Familie; italienischer Meßwein; Redegeschwindigkeit über einhundert Worte pro Minute; Pizzeria op d'r Eck ... die Rheinländer begrüßen das.

Rheinische Städtepartnerschaft

Ein uralter Zwist bereichert das rheinische Leben: die grundsolide Städtefeindschaft Köln–Düsseldorf. So oder so, man kann sich nicht riechen. Eleganz & Arroganz in

D'dorf, Monstranz & Firlefanz in Colonia. Eher noch würde man nach Westfalen auswandern, als sich in die gegnerische Stadt versetzen lassen.

Welcher Marketingstratege die Aufgeregtheiten vom Zaun gebrochen hat, ist nicht mehr festzustellen. Doch lustvoll stürzten sich die Bürger beider Städte auf den Ärger, um ihn bis heute hochzuhalten und zu zelebrieren. Allerdings kommt Düsseldorf trotzt Regierungssitz gegen die rheinische Zentralgewalt Köln nicht an. Eine Düsseldorfer Rockband nennt sich *Die Toten Hosen* und produziert Schmähsongs: »Ich bin so froh, daß ich kein Kölner bin ...«

Es hilft einfach nicht. Die Kölner haben solche wortreichen Beleidigungen nicht nötig. Es reicht in Köln schon, das Wort »Düsseldorf« auszusprechen, um für allgemeine Heiterkeit, brüllendes Gelächter, Schenkelklatschen, Kopfschütteln etc. zu sorgen. Kölner geben sich in Düsseldorf nicht zu erkennen und umgekehrt, die Fußball- und Eishockeymannschaften liefern sich gewaltige Duelle, die Karnevalszüge übertrumpfen sich an Länge und Wurftonnage, kurz, das Verhältnis ist aufs angenehmste verkorkst.

Die Miesmacherei beider Städte macht auch vor dem heiligen obergärigen Bier nicht halt. Die unsichtbare Grenze zwischen beiden Biersorten wird von den Brauereien hart verteidigt, bekennende Trinker halten an der Theke Wacht. Sollte jemand in Düsseldorf auf die Idee kommen, sich ein Kölsch zu bestellen, muß er gewärtig sein, zumindest verächtlich angeschaut zu werden. Eventuell wird er nicht bedient. Vielleicht geteert und gefedert. Gleiches gilt umgekehrt für Köln: Ein Altbier rechnet als eine der Todsünden. Der kölsche Köbes verzieht schmerzlich getroffen das Gesicht, darf er doch als moderner, serviceorientierter Dienstleister nicht mehr zur Waffe greifen, und wird zumindest mit dem in eine Frage gekleideten Hinweis »Ja wo simmer denn hier?« reagieren. Eventuell wird der Gast nicht bedient. Oder geteert und gefedert. Wenigstens aber in den Dom gezerrt, um dort zur Buße ein Kerzlein anzuzünden.

Wahlverwandte

Nicht die Asiaten, speziell die Japaner, wie man aufgrund von Zen und süß-sauren Gerichten vermuten könnte, sondern die Iren stehen von allen Völkern den Rheinländern am nächsten. Bei beiden paart sich Humor mit Melancholie, trinkt man ein spezielles Bier, ist der Katholizismus tief von heidnischen Spuren durchzogen und sitzt man gern in großen Gruppen zusammen, redet und singt. In beiden Regionen ist die Bevölkerung sicher, auf einer Insel der Seligen zu leben. Hier wie dort regnet es fein, aber beständig. Gemütlichkeit und Gemüt werden großgeschrieben, und als uraltes Volk muß man den kurzatmigen Neuerungen der Moderne nicht allzu hektisch hinterherlaufen. Das Wissen um die Absurdität menschlicher Existenz eint beide Völker, und hier wie dort hält man es mit der Pünktlichkeit nicht allzu genau. Heiter und angeheitert gehen die Wahlverwandten ihrem Alltagskram nach, dauernd gestört von einer ordnungsliebenden Großmacht wie Preußen oder England.

Typisch rheinländisch

Kommunikationsdrang

Kommunikation ist das Lebenselixier der Rheinländer. Sie sind nur bei sich, wenn sie reden oder, besser noch, kommunizieren, was den rheinischen Gesamtdialogkörper (Mund, Zwerchfell, Zeigefinger) einbezieht. Das gemeinsame Reden – wobei nicht gesagt ist, daß irgendwer irgendwem auch zuhört – erfüllt die Rheinländer mit höchstem Glück. Es vermittelt ihnen jenes Gefühl ekstatischer Gemütlichkeit, das von Neidern als selbstgefällige Dreistigkeit hingestellt wird. Die moderne Forschung bezeichnet diesen zuerst im Rheinland entdeckten Zustand als »flow«: Der Körper schüttet Endomorphine aus, und die Körper-Seele-Einheit schwebt auf Wolke sieben. Um dieses süchtig machende Glücksgefühl zu erreichen, quatschen die Rheinländer wahllos jeden an, der ihnen vor die Sprechorgane läuft.

Was ihnen durch den Kopf geht, sprechen die Rheinländer aus, sofern nur ein Adressat vorhanden ist. Oft tun sie dies auch ohne Adressat, dann predigen sie, stehen in der Kneipe oder sind lauthals unterwegs zur nächsten Vereinssitzung. Die häufig unzusammenhängenden Gedankenfetzen, unterbrochen von Kichern, Lallen,

Stammeln gelten als ausgesprochen modern. James Joyce hat den rheinisch-kommunikativen Bewußtseinsströmen in seinem nur Rheinländern und den wesensverwandten Iren wirklich zugänglichen *Ulysses* ein Denkmal gesetzt. Die erst abgespeckte, dann wieder künstlich geschmacksverstärkte Light-Version, mehr dem Unbewußten, Nichtbewußten und Garnichtbewußten wie Garnichtgewußten verpflichtet, versucht seitdem als Comedy das Licht der Öffentlichkeit zu erblicken.

Die im Grunde ihres Herzens südländischen Rheinländer besitzen ein ungebrochenes Verhältnis zur eigenen Lautproduktion. Quer über die Tische hinweg wird hemmungslos in Kneipen kommuniziert. Gern mischen sich fremde Mitrheinländer ein und geben ihren scharfen Senf dazu. Intimitäten und Intimes stellt man im Rheinland prinzipiell in aller Öffentlichkeit zur Diskussion: Krankheitsverläufe werden genüßlich ausposaunt, die Finanzmisere in der Haushaltskasse durch den Kakao gezogen oder der Haussegen bei Nachbars einer gründlichen Untersuchung unterzogen. Im Aussprechen, im gemeinsamen Darüberreden relativieren sich alle Katastrophen. Hier vollzieht sich die rheinische Katharsis, und das Permanentgespräch erspart den Bewohnern der rheinischen Tiefebene die Psychotherapie. Denn die in anderen Landstrichen beliebte Verdrängung als Versuch von Wirklichkeitsbewältigung kommt für die Rheinländer nicht in die Tüte, ihr Kommunikationsdrang schützt vor Neurosen, Fingernägelkauen und Verstopfung. Der Vorteil rheinischen Lebens: Man kann mit jedem ins Gespräch kommen, ohne rot werden zu müssen; der Nachteil: Man muß sich aber auch jeden Mist anhören.

Kontaktfreude

In Gaststätten ist die Ansprache eines jeden erlaubt, erwünscht, ja gefordert. Gleichgeschlechtlich Fremde, wie auch verschiedengeschlechtlich Fremde quatschen sich an, ohne groß darüber nachzudenken. Scham oder Unsicherheit sind den Rheinländern unbekannt, wenn es um die Kontaktaufnahme geht. Selbst der Körperkontakt, anderweitig eher mit schweren Sanktionen oder zumindest Ekel vor Schwitzflecken belegt, wird von den Rheinländer angenommen, ja geschätzt. Das römisch-französische Abknutschen etwa, am Rhein Bützen genannt, toleriert man gern, solange es nicht den Redefluß unterbricht. Die Rheinländer hatten sich schon mit Mundgeruch und den Folgen unkontrollierter Tröpfcheninfektion angefreundet, als die Schickeria und die echt lockeren Achtundsechziger noch gar nicht daran dachten, den roten Lippenabdruck auf der Backe oder den keusch-sozialistischen Bruderkuß in ihr Repertoire aufzunehmen. Nicht nur die Kneipe ist Hort rheinischer Kontaktlust, beim Bäcker, im Supermarkt, in der Straßenbahn, im Stau, bei der Beerdigung – überall findet man Kontakt.

Bindungslust

Die Beförderung von Gemeinschaft und geselliger Vereinigung ist Zweck und Ziel allen rheinischen Lebens. Diese rheinische Bindungslust kulminiert im rheinischen Verein. Vordergründig wird ein Vereinszweck ausgelobt (Männersingen, Turnen, Brauchtumspflege, Kegeln, Kommunalpolitik sowie alles, wozu sich mehr als zwei

Rheinländer zusammenfinden), doch geht es hauptsächlich um sitzen, trinken, reden im Verbund mit Gleichgesinnten.

Im rheinischen Verein gerät man gut und gern aneinander und erzeugt so die dringend benötigte menschliche Wärme, die alle Bindungen festigt. Grad und Schwere der Bindung legt die Vereinssatzung fest. Sie regelt den Verkehr innerhalb des Vereins und die Beziehungen zur Außenwelt, sofern man diese im Verein überhaupt zuläßt oder eines Blickes würdigt.

Die Keimzelle aller rheinischen Vereine ist der Männergesang. Die Israeliten zerstörten Stadtmauern (Jericho!) durch exzessives Tröten, die Rheinländer besiegen und erschrecken ihre seltenen Feinde seit alters durch konsequent wehrtechnisch weiterentwickelten Männergesang. Die Institution Männergesang wird vom Junggesellenverein gestützt, dessen einziger Zweck seine Auflösung ins Reich der Ehe ist.

Zentrum und Heiligtum des Vereins ist die Kasse. Sie wird gehütet und ihr Inhalt in regelmäßig wiederkehrenden Abständen für eine gute Sache geopfert – Touren an die Mosel etwa. Dort werden die Bindungen in aufopferungsvoller Nachtarbeit bis zum Umfallen gestärkt.

Im Vereinsleben selbst werden Beziehungen geknüpft, die man außerhalb des Vereinslebens hauptsächlich im alle Lebensbereiche durchdringenden Geschäftsleben verwerten kann. Vorbild für diese Art der Vereinsmeierei ist der Elferrat im Karneval. Den inneren Zirkel des Vereins bildet das Kränzchen. Bei einer Tasse Kaffee oder ähnlichem werden die wesentlichen, ergo nichtöffentlichen Dinge besprochen und ausgemauschelt. Kränzchen zur einvernehmlichen Regelung von Ex- wie Interna (»keine Sorje, dat mache mir schon«) existieren auch in inoffiziellen Vereinen, wie Ämtern, Gremien, Ausschüssen, Kammern, Parteien, Kanzleramt, EU-Kommission, UNO-Kommissariat, IHK, DGB, WDR sowie bei den Familienclans von A–Z. Ihr Motto: Warum sich an die zuständige Dienststelle wenden, wenn man deren Chef persönlich kennt?

Bindungslustige Rheinländer, die sich mit den tradierten Formen des rheinischen Vereins- und Kränzchenwesens nicht anfreunden können, rotten sich in Bürgerinitiativen zusammen. Dort sorgen heiße Debatten für die nötige menschliche Wärme. Bei den Bürgerinitiativen stehen moralisch-ethische Aspekte im Mittelpunkt des Vereinsinteresses: Es geht prinzipiell um nichts Geringeres als die Verbesserung der Welt, zumindest aber um den Bau einer Umgehungsstraße beziehungsweise deren Verhinderung. Missionarisches Potential aus der rheinisch-katholischen Kirche ist hier eingeflossen, das sich auf den Apostelverein, jene erste Bürgerinitiative um den Querdenker Jesus, berufen kann. Die Rheinländer schätzen an Bürgerinitiativen die Möglichkeit, zusammenzuhocken und dabei Gutes zu tun oder doch zumindest daran zu denken.

Glaubenseifer

Gott ist Rheinländer. Das wissen die Rheinländer mit Bestimmtheit. Und Gott weiß es auch, schließlich haben die Rheinländer ihn zu ihrem Anführer gewählt, nun muß er sich fügen. Wo sonst sollte sich der Weltengestalter auch wohl fühlen, als in der Glaubensklüngelgemeinschaft seines auserwählten Volkes? Meinen die Rheinländer.

Diese Tatsache enthebt die Rheinländer jeglicher Verpflichtung zu einem einigermaßen rechtschaffenen Leben unter den zehn Geboten, deren Einhaltung sie von anderen allerdings erwarten. Mit dem glänzenden Heiligenschein langer Glaubenstreue versehen, schreiten die Rheinländer salbungsvoll einher. Denn Gott ist nicht pingelig, das weiß im Rheinland jedes Kind. ER steht immer auf seiten seiner Lieblingsschafe. ER drückt für seine Rheinländer schon mal ein Auge zu. Hauptsache aber: Man glaubt. Kirchgang muß nicht unbedingt sein. Gott im Herzen zu tragen reicht; insofern kann der Amtsweg über die Kirche ausgeschlossen werden. Der rheinisch-gute Wille ist da, und Gott läßt direkt mit sich reden.

Die bescheidenen Fürbitten (»Heiliger Sankt Florian, verschon mein Haus, zünd andre an!«) erreichen zielgenau seine Stellvertreter. Mittels kleiner Zuwendungen in Form von Kerzen oder ähnlichem an die richtigen Vermittler – Maria, diverse Heilige, de Mam, zur Not auch Bischof, Pater, Priester – wird die Sache geregelt. Das rheinische Glauben hat sich jede Menge heidnischer Bestandteile bewahrt. Amulette und magischer Zauber – wie Aschenkreuz für die Jecken oder Bayerkreuz für die Wirtschaft – sind nach wie vor populär. Und das Schutzdreieck für das Rheinland mit Heiligem Rock in Trier, Heiliger Windel in Aachen und Heiligen Drei Königen in Köln beschirmt die Rheinländer noch heute vor dem Eindringen des Bösen (Total Quality Management, Just-in-Time-Produktion, Subventionsabbau, Tempo 100, Streichung weiterer Feiertage, Haute Cuisine ...).

Neben der Theatralik des in froher Runde mit viel Singen und Weihrauchnebel verbrachten Hochamtes lieben die Rheinländer vor allem das Beichten. Hier geht es ums Erzählen, um das Ausplaudern von Intimitäten: rheinische Kommunikation pur. Eifrig knien sie sich immer wieder auf das Armsünder-Bänkchen im Beichtstuhl, um wortstark zu berichten, was sie in Gedanken, Worten und Taten so alles gesündigt haben (»Nä, wat wor dat schön«). Mit der Absolution im Rücken gehen sie froh hinaus ins Leben, um rasch wieder in Gedanken, Worten und Taten ... Was diese ominöse Sünde genau ist, wissen die dem Leben lässig gegenüberstehenden Rheinländer nicht so richtig, jegliches Schuldbewußtsein geht ihnen ab. Doch auf die Beichte, auf den Talk mit dem Pastor, zu verzichten, da sei der Teufel vor. Und selbst wenn man wüßte, was eine Sünde ist, so würde man sie im Rheinland vollen Herzens begehen, um die Beichte erst recht genießen zu können.

Et ärm Dier

Unter wolkenverhangenem Himmel, direkt neben dem inneren Sonnenschein haust im Rheinland ein grausliches Wesen: dat ärm Dier. Hinter aller Extrovertiertheit lauert im Rheinland die Melancholie. Vom Himmelhochjauchzen ist es zum Zutodebetrübt nicht weit. Urplötzlich überfällt die beklagenswerten Rheinländer et ärm Dier, aus heiterem Himmel streift sie Daseinsunlust, Lebensschwäche. Dagegen ist außer Hopfen und Malz kein Kraut gewachsen, und selbst die helfen kaum. Mit hängendem Kopf, ein Jammerbild ihrer Selbst, sitzen die Rheinländer in irgendeiner Ecke und hoffen inständig, daß man sie bemerkt. Mitmenschen werden im Rheinland allerdings aus Prinzip nicht bemitleidet, ganz im Gegenteil, ihr Zustand wird zum Anlaß genommen, ihnen zu erzählen, wie schlecht es um einem selbst steht. Das wiederum mobilisiert beim melancholischen Gegenpart das nötige Selbstmitleid, um sich am Schopfe wieder aus dem Sumpf zu ziehen. Und die rheinische Dialektik fügt, daß gerade diese Melancholie zur Luststeigerung im Frohsinn befähigt. Mit dem Tod im Nacken macht das Leben noch mal so viel Spaß. Das große Einerseits-Andererseits des Lebens ist im Rheinland zu Hause.

Unpünktlichkeit

Verabredungen, diese Form des umständlich über lange Zeiträume geplanten Kontaktes, nehmen die Rheinländer nicht sonderlich ernst: Unpünktlichkeit wird stolz als Tugend und südländisches Erbe empfunden. Der zeitliche Beginn einer Verabredung ist im Rheinland nicht präzise definiert. Mit einer nonchalanten Großzügigkeit gehen die Rheinländer mit den Minuten und Stunden um. Man lebt ganz im Hier und Heute, denn die Orientierung auf ein Danach (»dat sehe mir noch früh jenuch«) ist zu lebenszeitraubend.

Da ein Verzellche – das kleine, ununterbrochene, aber

jederzeit zu unterbrechende Geschwätz – über jede Wartezeit hinweghilft, befördert die gewisse Unpünktlichkeit nur den Austausch unter den rheinischen Menschen. Sollte man überraschenderweise zum verabredeten Zeitpunkt an der Tür der Gastgeber klingeln, so sind diese garantiert gerade noch im Bett, unter der Dusche, müssen erst noch einkaufen, die Mutter nach Hause bringen. Nicht böse ob der Störung wird der Besuch hereingebeten, ihm schon mal das Kartoffelschälen für das bevorstehende Festmahl anvertraut oder ihm zumindest die Fernsehzeitung und die Fernbedienung in die Hand gedrückt. Zwei Stunden später stehen die Gastgeber fröhlich und entspannt vor den Gästen, die in aller rheinischen Neugier und Natürlichkeit die Wohnung schon mal auf den Kopf gestellt haben. Im Geschäftsverkehr werden Lieferzeiten generell nicht eingehalten, und sollte der Kunde darauf bestehen, einen fixen Termin genannt zu bekommen, wird er auf die Unwägbarkeit allen Seins hingewiesen: »Wat weiß ich denn, wat noch alles passieren kann.« Nur der Karneval, da ist man im Rheinland merkwürdig kleinkariert, beginnt pünktlich: genau um 11.11 Uhr am 11.11. muß es losgehen.

Das unspezifizierbare Quantum einer anständigen rheinischen Verspätung wird Oktav genannt, was in etwa dem akademischen Viertel nahekommt. Dieser Zeitraum gilt als legale Überziehung und ist akzeptabel. Er kann sich bis zu acht Tagen ausdehnen. Sollte man etwas verpaßt haben und holt es innerhalb von acht Tagen nach, gilt der Fall als erledigt. »Wer kütt in de Oktav, is och noch brav«, gilt als Faustregel im Rheinland.

Rheinische Sitten & Gebräuche

Klüngeln

Ohne Klüngel kein Rheinland. Und umgekehrt. Ort des Klüngels ist das im Raum-Zeit-Kontinuum fest verankerte Gesamt-Vereinswesen.

Beim Klüngeln verbinden sich Kommunikationsfreude, Kontaktlust und Katastrophengier zu gemütlich-nützlicher Vereinsmeierei. Klüngeln heißt nichts anderes als das vorsätzliche Stiften zwischenmenschlicher Beziehungen zu mindestens einseitigem, hoffentlich vielseitigem Vorteil. Diese Sitte ist den Rheinländern von alters her angeboren: Sie können einfach nicht anders. (»Dat sin die Jene.«)

Rheinisches Klüngeln wird von Außenstehenden schnell als Vorstufe oder gar als Vollendung von Filzokratie, Korruption, Vitamin B oder Vetterleswirtschaft eingestuft. Dabei unterscheidet er sich gehörig von den restdeutschen oder parteiinternen Varianten des Gebennehmens oder Nehmengebens. Denn profitieren sollen vom rheinischen Klüngel möglichst viele, wenn nicht alle – auch wenn einer sagt, wo's langgeht. Der beziehungsfreudige Rheinländer bindet so viele Mitmenschen wie nur eben möglich in den Klüngel ein. Die einen zwar mehr und die anderen eben etwas weniger, doch liegt dem rheinischen Klüngel der Wunsch, ja die Sehnsucht, nach allgemeinem Interessenausgleich zugrunde. Geheim ist da nichts, es wird ja sowieso im Rheinland alles ausgeplaudert. Konrad Adenauer, rheinischer Klüngelgroßmeister des 20. Jahrhunderts und leuchtendes Vorbild vieler rheinischer Klüngelkleinmeister in Familie, Industrie und Kirche, verteidigte eisern das rheinische Bündnis für Arbeit: »Mer kenne uns, mer helfe uns!« Und wen kannte er schließlich nicht.

Kommunikative Dauerberieselung: Klaafen

Die zwanglose Unterhaltung in Permanenz, von Rheinlandfremden oft als akustische Umweltverschmutzung empfunden, ist das täglich Brot der Rheinländer. Die Grundform rheinischer Rede ist die Sprechblase, die über jedem rheinischen Haupt schwebt. In ihr läuft das beständige rheinische Selbstgespräch, das der Umgebung Bulletins über den allgemeinen Systemzustand, Treibstoffverbrauch, Abnutzungserscheinungen, Profiltiefe, Standort und andere wesentliche Daten zukommen läßt. In Selbstgespräche vertiefte Rheinländer würden andernorts als völlig enthemmte Psychotiker ins nächstgelegene Landeskrankenhaus eingewiesen, im Rheinland hingegen gilt das Primat der öffentlich abgehaltenen Gesprächstherapie.

Die kurz und knapp Klaaf genannte duale Dauerkommunikation ist die nächste Stufe rheinischer Kommunikation: Es ist jedes im Sitzen oder Stehen ausgeübte Plaudern von mindestens zwei Rheinländern. Die Inhalte sind frei wählbar. Vorgegeben ist nur ein Mindeststandard: Mindestens eine Katastrophe sollte gestreift, eine Krankheit erwähnt, einmal mit einem raschen Seufzer dem Leid der Welt gedacht und einmal über Bekannte oder Verwandte hergezogen werden. Der Klaaf vollzieht sich in der rheinischen Zeitmeßeinheit »Minütchen«. Dieses dauert in der Realzeit zwischen einer viertel und einer halben Stunde. Danach wird die Zählung einfach fortgesetzt: zwei Minütchen (bis zu drei Stunden), drei Minütchen (ein halber Tag) und so weiter.

Im Klaaf wird niemand geschont. Verbale Tiefschläge, bissige Bemerkungen oder ironische Seitenhiebe werden zum Zwecke öffentlicher, aber durchaus nett gemeinter Demütigung (»es is doch nit esu schlimm«) eingesetzt. Sobald ihnen die Wort- und Satzfetzen um die Ohren fliegen, blühen die Rheinländer auf. Hier ein Rundumschlag, dort eine Verbalattacke, niemand wird geschont. Innerhalb wie außerhalb der Familie. »Lieber einen guten Freund verlieren, als eine gute Pointe verpassen«, das Motto der Rededuelle ist bezeichnend für die im Rheinland eher seltene Konsequenz, die man nur so wichtigen Dingen angedeihen läßt wie der Sicherung der täglichen Buchstabensuppe.

Tach & Tschö

Die Alltagskommunikation am Rhein wird durch eindeutige Signale eingeleitet und abgeschlossen. Die Begrüßung ist frei heraus und knapp, aber herzlich. Gern platzen die Rheinländer in jede Gesellschaft hinein, überzeugt, daß man nur, aber auch nur auf sie gewartet hat. Ein »Juten Tach« umstandslos in die Runde geworfen und sofort stürzen sich die Rheinländer unbeschwert in die Konversation, ganz ohne Thema oder Teilnehmer zu kennen. Man kommt direkt zur Hauptsache. Verschwitzt-inniges Händeschütteln oder ein verschüchtertes »Hallo« sind nicht drin. Auch zeremonielles Bebützen *à la française* (links-rechts-links) steht trotz aller Frankophilie nicht zur Debatte, schließlich hindert das am Reden. Bei der Standardformel »Juten Tach« wird das »u« ein wenig in die Länge gezogen, um die richtige Kurve für das Hineinstürzen in Rede und Gegenrede zu bekommen. Das »J« erlaubt butterweiches Einschmeicheln. Das knappe »Tach« signalisiert: »Achtung, hier komm ich.«

Um das Begrüßungsgeschenk machen die Rheinländer wenig Aufhebens. Man bringt's, man nimmt's, das war's. Erfahrene rheinische Besucher bringen zwar Blumen für die Hausfrau mit, packen die aber nach dem »Tach« gar nicht erst aus, sondern gehen unter kurzem Schwenken der Blumen flott in die Küche und deponieren die Blumen im Spülstein. Wein wird hingegen sofort ausgepackt und nach kurzer Würdigung (»janz läcker«) ausgetrunken.

Der rheinische Abschied ist ebenso flott und prägnant wie die Begrüßung. Es werden keine großartigen Floskeln verwendet, keine glühenden Versprechen abgegeben oder gefühlsduselig gebrabbelt. Man sieht sich; wenn nicht in diesem, dann im nächsten Leben. Beim Verlassen einer Runde, eines Hauses oder eines Geschäftes heißt es geradeheraus und einfach: »Tschö.«

Ist man unter Freunden und muß weg, springt man auf, sagt »Tschö mit ö«, um die leidvolle Notwendigkeit des Abgangs ökonomisch kurz zu verdeutlichen. Haben die Rheinländer Zeit und möchten ein wenig mehr an Emotion in den Abschied legen, so verlängern sie den letzten Vokal, das »ö«, so daß eine Art Abschiedsfanfare entsteht. Besonders elegant ist ein kleiner Tonhöhen-Schlenker im Verlängerungs-Ö, eine musikalische Miniatur, oft im Weggehen oder Wegsehen über die Schulter geträllert.

Der Süden im Westen

Südländische Relaxtheit und Sitte läßt sich in vielen Unterabteilungen des rheinischen Alltags wiederfinden: sei es im Hygienebereich, im Straßenverkehr, beim nachmittäglichen Nickerchen oder beim Geschlechterverkehr.

Sauberkeit ist, wie so vieles im Rheinland, relativ. Straßefegen, Autowaschen, Wohnungsaugen, Kinderschrubben, Wäschewaschen, Gartenmachen, Geschirrspülen, alles nicht so wichtig. Putzmittel werden im Rheinland äußerst sparsam eingesetzt, da denken die Rheinländer sehr ökologisch. Und Putz-Generäle haben innerhalb der Grenzen des friedliebenden Ländchens schon gar nichts zu suchen. Die rheinische Schmutzgrenze verteidigt einzig und allein der Kölner Wisch. Er besteht aus einer einfachen, schnellen Handbewegung und wird zum Beispiel mal rasch beim Frühjahrsputz eingesetzt. Pingelige Fremde übersetzen den Kölner Wisch mit: so eben mal drübergehuscht oder nicht ganz schmutzfrei. Dabei reicht die Oberflächenbehandlung: Was soll man seine kostbare Kommunikationszeit damit vergeuden, irgend etwas porentief rein zu bekommen. Wo doch alles morgen sowieso schon wieder dreckig ist. Als legitimes Mittel der Körperhygiene wird neben Wasser auch das Betäubungsmittel *4711* angesehen. Der französische Sonnenkönig Ludwig XIV. schon hatte den übermäßigen Einsatz von abriebstarken Mitteln wie Seife und Bürste als hautschädigend erkannt und zum Parfüm gegriffen. Seine rheinischen Verehrer (»Dä Mann hät Format«) tun es ihm gerne nach.

Mediterrane Anklänge entdecken Durchreisende schnell im rheinischen Straßenverkehrswesen: Der Verkehr fließt – wenn er nicht gerade am Leverkusener Kreuz dauerstaut – unter opulentem Einsatz von eindeutigen Handzeichen sehr zügig. Rheinische Autofahrer brausen gern flott voran, umkurven lahme Enten, hupen gern und würzen ihr Leben mit einer Prise Abenteuer und Freiheit, indem sie grundsätzlich in den ersten Millisekunden der Rotphase noch über die Kreuzung huschen. Der Rückspiegel wird selten genutzt, höchstens, um sich selber zu bewundern.

Toujours l' amour: Anmache findet im Rheinland dauernd statt. Wie an südlichen Sonnenstränden wechseln heiße Blicke hinter verspiegelten Brillen den Besitzer, pfeift es hinter dem jeweils anderen Geschlecht her, quengelt man unverhohlen um ein Stelldichein. Die feine Kunst des Flirtens hingegen beherrschen die Rheinländer nicht. Der direkte Weg zum Herzen wird bevorzugt, und der führt über die Sprechorgane. Rheinländerinnen und Rheinländer befinden sich im Zustand permanenten Verbalkontaktes, so müssen die Geschlechter nicht erst stotternd das begehrte Gegenüber zur Aufnahme bilateraler Beziehungen zwingen. Eingedenk des Erfahrungswertes, daß nichts so heiß gegessen wird, wie es gekocht wird, böllern die Charme- und Erotikbreitseiten nur so durchs Rheinland. Eingesetzt wird unscharfe Übungsmunition: Der Reiz liegt im Knall, nicht im Treffer.

Sonderbare männliche Sitte & bestürzender weiblicher Brauch

Rheinische Männer pflegen eine uralte und seltsame Sitte, deren Ursprung und Sinn im Dunkel der Zeiten verborgen ist: das Stippeföttche. Grundsätzlich mit Uniform bekleidet, wenden sie urplötzlich einander die Hinterteile zu und reiben in leichter Hockstellung die Pobacken aneinander. Ob verwirrte Sexualpraktik, ob Rest animalischer Ontogenese, ob Versuch der Kontaktaufnahme mit Außerirdischen, ob Wärmeaustausch in Krisenzeiten, die Ethnologen scheitern an der Erklärung des geheimen Alltagsrituals. Hier mischen sich womöglich keltische Fruchtbarkeitsriten, römische Saturnalien, französische Verirrungen und neandertalerische Freundschaftsbezeigungen zu einer Geste, von der noch nicht einmal gewiß ist, ob sie die Rheinländerinnen in sinnliche Raserei versetzt.

Außer dem Schiffeversenken der Loreley sind keine ausgefallenen Sexualpraktiken der Rheinländerinnen bekannt. Allerdings ist ihr Einsatz von Reizwäsche auffällig.

Stellvertretend für die rheinische Frau trägt das Funkenmariechen ein voluminöses Höschen unter dem kurzen Rock, das über und über mit Rüschen besetzt ist. Um allen Männern einen Blick zu ermöglichen, läßt sich die Angehimmelte hochheben und mit angezogenem Bein wird sie als Göttin oder Trophäe über den Köpfen der Männer herumgetragen.

Fernsehen

Gern sieht er fern: der Rheinländer. So dichtete ein Heinz-Erhard-Epigone beim Nachwuchsfestival für Comedy am Tanzbrunnen in Köln. Das Publikum pfiff ihn aus. Doch was wahr ist, muß wahr bleiben. Auch im Rheinland. Fernsehen erleben die Rheinländer am liebsten hautnah und live. Warum vor der Glotze sitzen, wenn man in Hürth, Ossendorf, Bocklemünd oder in der Kölner Innenstadt alles direkt serviert bekommt? Wer den Karneval überlebt, den kann ein Talk, eine Soap oder die Harald-Schmidt-Show nicht erschrecken.

Die Wurzeln der natürlichen Fernsehbegabung der Rheinländer reichen, wie könnte es anders sein, in den Schoß von Mutter Kirche. Live-Veranstaltungen mit gekonnt eingesetzten Showelementen gefallen den Rheinländern seit alters. Ganz besonders die Hochämter der rheinisch-katholischen Kirche erfüllen dieses Kriterium. Durch die glanzvollen Messen wurden die Rheinländer so richtig auf TV-Studios und TV-Sendungen vorbereitet. Die Wiederkehr des ewig Gleichen, die im Kirchenjahr die Orientierung erleichtert, erleichterte den Rheinländern das Einüben der richtigen Einstellung (»dä Dokter Brinkmann, dem könnt ich mir alt wigger aanlure«). Außerdem: Sie sind einfach ein dankbares Publikum. »Audiance participation« ist den Rheinländern durch jahrhundertelanges Mitsingen, Fürbitten etc. in Fleisch und Blut übergegangen.

Im Studio benehmen sich die Rheinländer vorbildlich. Ihnen ist glücklicherweise die Gabe gegeben, über so ziemlich alles zu lachen, sich für jede Eintagsfliege zu begeistern und grundsätzlich alles ohne Widerrede mitzumachen. Gern verbringen Alt & Jung einen Nachmittag oder Abend unter heißen TV-Scheinwerfern. Dort stellen sie sich bereitwillig als Klatschkulisse oder Jubelmasse zur Verfügung. Egal wie schlecht die Show ist: »Man muß auch jönne könne« (gönnen können). Die TV-Macher wissen das zu schätzen und bestehen inzwischen darauf, für hochkarätige Live-Sendungen einen Mindestprozentsatz von Rheinländern unter das Publikum zu mischen, um wenigstens ein paar animiert-fröhliche Zuschauer im Bild zeigen zu können. Die Menschen also sind es, die den Medienstandort Rheinland zur Nummer einszweidrei unter den Konkurrenten machen. Vorbildlich für die ganze Nation sitzen die Rheinländer Stunde um Stunde ihr Programm in diversen Studios ab und lachen für Deutschland: Rheinländer sind eben immer live.

Auf der Straße benehmen sich die Rheinländer ebenso vorbildlich wie im Studio: Nicht nur ihre Zuschaukompetenz ist den Mediengewaltigen lieb und teuer, ihnen wird auch eine hohe Auskunftkompetenz bescheinigt. Zu jedem Problem, zu jeder Katastrophe, Hochzeit, Gesetzesvorlage, Gentomate werden die Rheinländer straßenbefragt oder direkt in ihrer Wohnung mit der Kamera überfallen. Die TV-Profis wissen augenblicklich, wie sie reagieren müssen: »Ich sach ihnen, wat sie wollen. Die Sendeminuten sin teuer, dat weiß ich ja, nä.« Die Rheinländer, das ist hundertprozentig von Marktforschern in Praxisdauertestreihen erwiesen, eignen sich optimal als Normalmenschendarsteller. Stellvertretend für die Nation dürfen sie am TV-Stammtisch sitzen: Sie sind als auskunftfreudige Gruppenwesen einfach das nötige Salz in der Fernseheinheits-Tütensuppe.

Die Rheinländer & ihre Familie

Die rheinische Kernfamilie entspricht im Wesentlichen der Heiligen Familie. Vater, Mutter samt Nachwuchs, weißhaarigem Großvater und den zwölf Freunden des Sohnes sind die leuchtenden Vorbilder rheinischen Familiensinns. Daß hohe Ideale nicht immer erreicht werden können, ist eine schmerzliche Erfahrung rheinischen Lebens, die direkt zur Konsequenz führt, ruhig mal fünf gerade sein zu lassen. Denn nicht jeder Rheinländer geht so einsichtig mit unklaren Eheverhältnissen um, nicht jede Rheinländerin empfängt voller Demut engelhaften Herrenbesuch und nicht jedes rheinische Kind gründet eine neue Religion. Und doch sind in der Heiligen Familie bei allen ethnischen Unterschieden wesentliche Grundzüge heutiger rheinischer Kernfamilienhaftigkeit angelegt: die neuzeitliche Dreifaltigkeit VaterMutterKind, die Einbettung in einen kommunikativen Zusammenhang von nicht immer Gleichgesinnten (Verwandte, Gemeinde, TV-Seher, Schumifans ...) sowie die gewährende, positiv unterstützende Erziehungshaltung, weil: »Man weiß ja nie, wat us dem King no mal werde kann!«

Die Ganzgroßfamilie

Die moderne rheinische Familie versteht sich trotz der normierten Einheit VMK (meist in 3 Zi KDB) oder Single (auch in 3 Zi KDB) immer als Großfamilie. Die »Familisch«, wie der Großraum-Verkehrsverbund genannt wird, fühlt sich allein, zu zweit oder zu dritt einfach nicht vollständig. Sie strebt nach Größerem, sie will mehr. Dieses »mehr« sind die Verwandten sowie die Verwandten der Verwandten, die Bekannten und die Bekanntschaften, die Nachbarn und die Nachbarschaft, die Nebenmenschen an der Theke, die Vereinsbrüder und -schwestern, die Kollegen ... kurz: der gesamte Besuch. Darin erfüllt sich das »mehr« jenseits des Nukleus: in der Erweiterung und Bestätigung des eigenen Weltbildes durch persönlichen Kontakt. Inzwischen ist im Rheinland auch das fernmündliche Gespräch als Begegnungsform anerkannt. Das zumindest einstündige Telefonat zwischen Familienmitgliedern gilt als fast vollwertiger Besuchsersatz.

Durch die – weitgehend – vorurteilsfreie Hereinnahme jeglicher am Lebensweg stehenden oder liegenden Menschen wächst die rheinische Kerngroßfamilie über sich hinaus: Sie wird zur Ganzgroßfamilie. Letztlich umfängt sie die Mehrheit der Weltbevölkerung. Wenigstens die Europäer haben das erkannt und den schwäbischen *Song of Joy*, der erst in der Musik des Rheinländers Beethoven seinen richtigen Drive erhielt, zur Europahymne gemacht. »Freude schöner Götterfunken ... freudentrunken ... Alle Menschen werden Brüder ...«, im Rheinland irgendwie schon, auch mit Schengener Abkommen. Ganz offen für alle und alles verlieren die

Rheinländer automatisch den Überblick und erinnern sich dann genauso automatisch daran, daß sich jeder selbst der Nächste ist. Auf dieser Basis funktioniert die rheinische Ganzgroßfamilie bestens: Trifft man sich, is et jut – trifft man sich nicht, is et auch jut.

Im Schoße der Ganzgroßfamilie gibt es für alle genug. Besonders zu essen und zu trinken, das ist wichtig. Schnittchen – Brotscheiben, belegt mit dem, was der Kühlschrank hergibt plus Gürkchen obendrauf nebst einem Tupfer Petersilie und in der Luxusvariante die Salzstange nebendran – sind immer vorrätig. Als Getränk reicht man zum Schnittchen das obergärige Bier oder schon mal einen höchstens halbtrockenen Kabinettwein von der Mosel. Vor, bei und nach den Schnittchen wird kommuniziert. Kommunikation ist das Lebenselixier der rheinischen Ganzgroßfamilie. Ständig passiert etwas in oder mit ihr, das ausführlich besprochen, gewendet, hin und her bewegt und gewertet werden muß. Natürlich in aller Vorläufigkeit. Denn abschließende Urteile unterbrechen den Kommunikationsfluß. Oder sie führen zu unversöhnlichem Streit. Weil dieser im Rheinland aber ein Ding der Unmöglichkeit ist, läßt man die Verhandlungen über sämtliche Kernklein- bis Ganzgroßfamilientragödien an den innerfamiliären Demarkationslinien niemals einschlafen.

Die rheinische Ganzgroßfamilie im Fernsehen

Die unendliche Geschichte rheinischen Familien(un)wesens schrie geradezu nach der Fernsehverwertung als

TV-Serie. Der WDR kreißte, und empfangen wurde die Mutter aller deutschen Serien: *Die Lindenstraße*. Erst im Milieu rheinisch-permanenter Rede und Widerrede fand die Weekly als gleichzeitig fröhlich unbeschwertes wie zeitkritisch realistisches Fernsehschaffen für Ganzdeutschland zu sich selbst. In der *Lindenstraße* erreicht die rheinische Familie ihren einzig angemessenen und wahrhaftigen Ausdruck. Aus unerklärlichen Gründen vermuten viele Zuschauer immer noch, die sperrhölzernen Mietshausfassaden jener Straße, die zur volkstümlichen Erkennungsmelodie ins Bild ruckeln, stünden irgendwo in München. Dabei wird die Sendung im Studio vor den Toren der Kölner City gedreht.

Im Lindenstraßen-Laboratorium rheinischen Zusammenlebens menschelt es beständig. Egal wer, wo, wie, wann und mit wem – nichts Zwischenmenschliches ist den Schauspielern fremd. Ausländer werden quotenweise integriert, Schwule und Lesben werden behandelt wie Menschen, Seitensprünge sind an der Tagesordnung, das Geld ist klamm, Träume platzen, selbst Politiker dürfen eine Statistenrolle spielen – alles wie im richtigen rheinischen Leben. Es muß auch nicht immer spannend sein. Schließlich werden Jahr für Jahr stets dieselben Bibelgeschichten von den rheinischen Kanzeln verlesen. Gegen so viel rheinischen Realismus kann die US-amerikanische Konkurrenz mit grellen Fantasy-Produktionen wie *Dallas* oder *Denver Clan* einfach nicht anstinken. Die USA haben eben kein Rheinland, das die Familienserie gnadenlos auf den hölzernen Boden der Tatsachen holt.

Vater & Mutter, Mann & Frau

Die Ehe ist den Rheinländern heilig. Man(n) ist sich als gläubiger Katholik sicher, daß das irdische Martyrium der Ehe einst im Himmel angerechnet wird. Der, manchmal auch lautstarke, Austausch von Meinungen, Gedanken und Hintergedanken bildet das Fundament jeder funktionierenden rheinischen Ehe. Für die vorherige Partnerwahl ausschlaggebend ist, ob er/sie zu Dauerkommunikation über mehrere Jahrzehnte hinweg fähig ist. Dies wird in der recht kurzen Balzphase getestet. Was man sich unbedingt unter vier Augen sagen muß, sagt man jetzt; nach der Eheschließung kommuniziert man ausschließlich unter reger Beteiligung des Großfamilienbiotops.

Vor der Ehe ist die Partner-Anrede mit Vornamen gestattet. In der ersten Phase der Ehe wechselt die Anrede zum rheinischen beidgeschlechtlichen Kosenamen »Liebelein«. Etwas später stehen die Funktionsbezeichnungen »Mann« oder »Frau«, respektive »Mutter« oder »Vater« den rheinischen Eheleuten im modernen Beziehungsdschungel orientierunggebend zur Verfügung. Sind ein paar Jahre vergangen, ist die Anrede »Ahl« – auch vor dem vierzigsten Lebensjahr – statthaft. Damit wird meistens die Gattin bezeichnet, seltener der Gatte, dieser bleibt namenlos und wird langsam aber sicher zur unbekannten Größe. Der Gatte wiederum wird von den Kindern im Austausch mit der Mutter als der »Ahl« bezeichnet. Diese Anrede gilt nicht als abschätzig, wird doch sonst der Chef unter dieser Bezeichnung eingeordnet und ad acta gelegt.

Seit jeher herrschen in den rheinischen Familien die

Mütter. Sie wachen über Wohl und Wehe der Sippe, sie wachen über Ein- und Auskommen der Kernkleinfamilie, sie richten und rechten in Angelegenheiten der Ganzgroßfamilie. Früher stand das Rheinland unter dem Schutz der Muttergöttinen, jener sagenhaften Matronen. Heute sollen die männlichen Gottheiten die Überhand gewonnen haben; behaupten die Frauen. Doch seit mythenraunenden Zeiten ist die rheinische Familie matriarchalisch ausgerichtet, thront im Zentrum der Familie die Frau, besser »de Mam«. De Mam muß nicht immer verständnis- oder liebevoll sein, sie kann durchaus zürnen und dräuen. Dennoch fühlen sich die rheinischen Familienmitglieder bei ihr geborgen. De Mam spendet das Leben, sie verwaltet die Haushaltskasse. An ihr kommt so leicht niemand vorbei. Die Verehrung der Matronen wirkt im rheinischen Mann so mächtig, daß die Rheinländerin die Emanzipation überhaupt nicht nötig hat. Meint er.

Nach außen hin jedoch herrscht der Mann, der Vater, vollkommen über die Seinen. Forsch schreitet er beim Sonntagsspaziergang der Familie einen Schritt voraus, am Handgelenk baumelt die Handtasche der Gattin. In ihr das Familienportemonnaie. Wie selbstverständlich holt er dann beim Bezahlen von Kaffee & Kuchen den Geldbeutel der Gattin unter deren strengem Blick aus ihrer Tasche. Der rheinische Mann überspielt diesen peinlichen Moment souverän. Sein mediterran-römisch-katholisches Erbe ist deutlich spürbar, wenn er ganz selbstbewußt erleichtert unter den weiten, schützenden Mantel der Frau und Mutter schlüpft. Diese läßt ihn gewähren, denn dort kann er keine Dummheiten machen.

Muttersöhnchen ist im Rheinland kein Schimpfwort, sondern eine Ehrenbezeichnung, eine Zustandsbeschreibung, der auch ältere Rheinländer besinnungslos glücklich kopfnickend zustimmen.

Kind & Kegel

Das Kind existiert im Rheinischen meist in der Mehrzahl. Pänz, der Begriff für diese Wesen, meint einen undefinierbaren Haufen; ein Panz allein taucht selten auf. Die zukünftigen Rentenzahler werden zunächst als ein unbestimmtes Wuseln, Kreuchen und Fleuchen wahrgenommen, bis sie zu rheinischen Individuen heranreifen. Sie sind in der rheinischen Ganzgroßfamilie den Umständen entsprechend aufgehoben. Die Sippe, respektive Nachbarschaft kümmert sich, wenn die Eltern anderweitig beschäftigt sind. Erziehung aber, die ungesunde Form des Kümmerns, findet im Rheinland nicht statt. Grund ist eine Art wohlwollendes Desinteresse am Kind an sich. Es rührt von der Einsicht her, daß Kinder immer genau das Gegenteil von dem werden, was die Eltern in sie hineinerziehen wollen. Man ist im Rheinland auch nicht hinterlistig genug veranlagt, um auf pädagogische Tricks zu verfallen, die den Panz irgendwie hinbiegen sollen: Kinder werden im Rheinland von alleine groß.

Das Rheinland ist kinderfreundlicher als andere Regionen. Kinder betrachtet man nicht als kleine Götter, sondern als kleine Menschen. Das Geschrei der Kleinen wird als Bereicherung des Lärmteppichs angenommen. Kleine Rotzlöffel werden nicht ausgegrenzt, sie gehören dazu. Sollte doch einmal Kritik an einem Kind geübt werden, so schließt sich die Ganzgroßfamilie in empörter Abwehrhaltung gegen die lieblosen Kritikaster zusammen. So gedeihen die Pänz. Das Gesamtklima verleiht Lebenssicherheit und produziert die nützliche rheinische Eigenliebe.

Haustiere, auch solche mit künstlichem Farbstoff
Haustiere nehmen in der rheinischen Ganzgroßfamilie keine herausragende Stellung ein. Althergebrachte Nutz- und Verzehrtiere, die man ebensogern auf dem Tisch als hinterm Haus hat, leben eher im Wortschatz – Bereich Schimpf und Schande – fort als in der Mietwohnung. Dort geht der Trend eindeutig zum Exotischen. Nach Angorakatzen und Chihuahuas sind Krokodile angesagt – besonders im Dormagener Raum. Sie werden jedoch nach einiger Zeit im Freigehege, bevorzugt Baggerseen, ausgesetzt. Das verleiht der rheinischen Badelandschaft einen Hauch von Abenteuer.

Das eigentliche Haustier der Rheinländer aber ist der praktische Gummibär. Mitten in Bonn-Kessenich liegt verborgen hinter verrußten Fabrikmauern sein Heim. Hans Riegel, Bonn, auch bekannt als *Haribo*, ist sein Ziehvater. Tag und Nacht werden in der Süßwarenfabrik Legionen von roten, grünen, weißen Gummibären aus Knochenmehl gebacken. Immer neue rheinische Haustiere entstehen aus der leblosen Gummibärenmasse, die durch Form beseelt ihren Weg in die Herzen und Mägen der Rheinländer und Restdeutschen antritt. Ihn pflegt und hegt man, verwahrt ihn lange über das Verfallsdatum hinaus und hat ihn zum Fressen gern. Dieses Haustier kommt der rheinischen Neigung zum *dolce vita* entgegen: Es macht keinen Dreck, man muß nicht dauernd mit ihm raus, und es bellt und jault nicht nächtelang. Seinen Höhepunkt erreichte der Beseelungswille der Gummibärenmassedesigner, als die rheinische Kleinfamilie Josef, Maria und Kind zu Weihnachten aus Bärenmasse geschaffen wurde. Die Kirche verwahrte sich energisch gegen die Auslieferung. Und so blieb es bei der altbewährten Gummibärenhaustiersortierung im Rheinland.

Das andere Geschlecht

Homosexualität ist im Rheinland nicht verpönt. Ob Schwule oder Lesben, das andere Geschlecht fühlt sich im Rheinland, besonders in Köln, pudelwohl. Sicherlich stehen die älteren Rheinländer der gleichgeschlechtlichen Orientierung noch etwas hilflos gegenüber, aber getreu dem Motto »Jeder Jeck is anders« bleibt ihnen ein gewisser Ermessensspielraum, ein wenig Flexibilität, der Senioren in Restdeutschland fehlt. Auch sind die Rheinländer seit Jahrtausenden an den Anblick von Männern in Röcken gewöhnt: römische Legionäre zeigten gern keß ihre nackten Beine, und die katholische Kirche mit ihren farbenprächtigen Verkleidungen und ihrem männlichen Zierrat ist ihnen ein schönes Vorbild.

Der Christopher Street Day (kurz: CSD) wird in Köln so exzessiv gefeiert wie in San Francisco. Bars, Saunen und

Clubs eindeutiger Präferenz gibt es reichlich. Selbst der offizielle Karneval hat mit der *Rosa Sitzung* anerkennen müssen, daß die gleichgeschlechtliche Orientierung dem Frohsinn nicht abträglich ist. Dabei stand mit einem Mann, der alljährlich zur Jungfrau mit langem Blondhaar ummodelliert wird, in der Fünften Jahreszeit zumindest das Transvestitentum schon lange hoch im Kurs. Möglicherweise hat aber auch der als »Stippeföttche« bekannte Brauch – Stadtsoldaten reiben in der Hocke öffentlich ihre Hintern aneinander – die rheinische Einstellung untergründig beeinflußt. Das andere Geschlecht jedenfalls hat in der Ganzgroßfamilie seinen Platz gefunden.

Die Rheinländer in der Freizeit

Unvoreingenommene Beobachter rheinischen Treibens sind zu dem Ergebnis gelangt, die Freizeit sei die wahre, manche meinen die einzige, Berufung der Rheinländer. Das wurmt natürlich so manchen zwangsweise im Rheinland lebenden Werktätigen: Tag für Tag mußte der langjährige Kanzlermonarch Helmut Kohl vom Kanzlerarbeitszimmerfenster seines Kanzlerarbeitsamtes in Bonn direkt am Rhein den Anblick der in jener leschären Lebenshaltung befangenen Menschen ertragen. Es quälte ihn, wie die Vergnügungsbötchen rheinauf, rheinab schipperten; es wurmte ihn, wie junge Menschen auf Rollerskates, Skateboards und Inlineskates die Rheinpromenade entlangflitzten; es verbitterte ihn, wie alte Menschen auf bequemen Bänken in der milden Sonne saßen; es beunruhigte ihn, wie turtelnde Pärchen sich eng aneinanderschmiegten; es nagte an ihm, wie kräftige Menschen im besten Arbeitsalter einfach nur rumstanden und kommunizierten. All dies ballte sich über die Jahre zu einem gewaltigen Kanzlergrollen zusammen. Aus dem Fenster seines Kanzlerarbeitszimmers blickend, donnerte der Titan eines schönen Tages laut, deutlich und sehr sehr vorwurfsvoll sein abschließendes

Urteil: »Kollektiver Freizeitpark.« Der Umzug ins preußisch-rührige Berlin ward augenblicklich und unausweichlich beschlossen.

Die Rheinländer aber kümmern sich nicht weiter um diese Vorurteile von Bodybuildern, Häuslebauern, Standortsicherern und anderen Leuten, die nichts anderes gelernt haben als zuzupacken. Schließlich sollen die paar Jährchen hier auf Erden Spaß machen. Und so wünscht sich jeder anständige Rheinländer, die Woche über Beamter zu sein und im Sommer Lehrer. Relaxen ist der Frohsinnsaktivisten erste Daseinspflicht.

Fun im Feuchtbiotop

Die Freizeitaktivitäten verhalten sich direkt proportional zum rheinischen Wetter. Dieses brilliert mit seltener Konstanz und erfrischender Ausgewogenheit: Ein niederschlagsreiches Tiefdruckgebiet mit wechselnden Namen hängt fast ständig am Kölner Dom rum, und nie ist es zu warm oder zu kalt. Die Jahreszeiten erkennt man unter der beständig gräulichen Wolkendecke am Wärmegrad des Regens. Kontinuierlicher Westwind zerstäubt die Tropfen zu feinem Naß.

Ihrer Großwetterlage begegnen die Rheinländer konsequent: Sie sind freizeitmäßig echte Indoor-Typen. Sitzen, trinken, reden – das geht prima in Sqashkomplexen, Tennisparks, Badmintonhallen, Eislaufstadien, Spaßbädern, Saunalandschaften, Multiplex-Burgen, Einkaufscentern ... Restauration inklusive, das ist die Hauptsache; die Sportart, die man nicht ausübt, ist eigentlich egal. An den seltenen etwas wärmeren Tagen sitzt man unter schützenden Überdächern auch schon mal im Freien, trinkt und redet, während nebendran ein Würstchen vor sich hin kohlt.

Indoor findet auch das älteste Freizeitvergnügen der Rheinländer statt: die katholische Messe. An ihrer Dramaturgie orientieren sich wesentliche Züge rheinischen Freizeitwesens: Beständigkeit und Regelmäßigkeit, Beisammensein in größeren Gruppen, ritualisierter Ablauf bei Wiederkehr des ewig Gleichen, Freiräume für Konkurrenz und Wettkampf (wer singt am lautesten?), die allerdings nicht zu längeren Zerwürfnissen führen dürfen. Dieser erhebende Mega-Event findet in letzter Zeit im Rheinland nicht mehr den Zuspruch wie in den vergangenen knapp zweitausend Jahren. Reformvorschläge des rheinisch-katholischen Kirchenvolkes (weg mit dem Bischof – neue Wunder – leckere Hostien – Weintrinken wie bei den Evangelen etc.) werden von Rom nicht honoriert.

Jede Menge Spaß an der Freud bringt den Rheinländern eine weitere Indoor-Disziplin, die sie mit Begeisterung ausüben: das Staustehen. Rund um den zentralen rheinischen Verkehrsknotenpunkt Leverkusener Kreuz reiht sich morgens zwischen sechs und elf, mittags zwischen halb zwölf und halb zwei, nachmittags zwischen zwei und sechs, wie abends nach halb sieben Auto an Auto. In und zwischen den Metropolen Düsseldorf, Neuß, Köln, Bonn und Aachen, die flächendeckend mit Autobahnen vernetzt sind, geht nichts mehr. Gelassen sitzt man in seinem Wagen, schaut in den Regen, hofft auf einen anständigen Crash, kommuniziert mittels Lichthupe oder akustischem Signal mit den Nachbarn.

Und lustige Leuchttafeln verkünden: »City zu 100% belegt.«

Ein Bein vors andere

Trotz Wind & Wetter treibt ein innerer Drang die Rheinländer regelmäßig zu einer Outdoor-Freizeitaktivität vor die Tür. Einem archaischen Jagdinstinkt folgend, machen sie sich allwöchentlich auf zum Spaziergang. Der ist die direkte Fortsetzung der zweitältesten Indoor-Disziplin, des Sonntagnachmittags. Den Rheinländern als konsequenten Flachländern reicht es, wenn sie ihre Schritte über asphaltierte Feldwege mitten durch Ackerbau und Viehzucht lenken können. Das reicht als Naturerlebnis wieder für eine ganze Woche.

Besonders zappelige und von der Fitneßneurose angekratzte Rheinländer fahren in die nahe gelegenen Rheinischen Schiefergebirge, um dort dem Spaziergang unter verschärften Bedingungen (bergauf, bergab) zu frönen. Höhepunkt und Krönung der sportlichen Übung ist die Einnahme von Kaffee & Kuchen. Dies geschieht entweder zu Hause oder in einer der zahlreichen Einkehrmöglichkeiten am Wegesrand. Überschreitet der Spaziergang eine Dauer von circa dreißig Minuten, ist von einer Wanderung die Rede.

Die Beifahrer

Für Sportarten, die man sitzend ausüben kann, haben die Rheinländer einiges übrig; noch schöner, wenn man sie nicht selbst ausüben muß. Autorennsport und der Radrennsport erfüllen diese Voraussetzungen in hohem Maße.

Bereits in den Sechzigern eroberte ein sitzfleischgestählter rheinischer Recke die Herzen seiner Mitbürger. Graf Berghe von Trips, der attraktivste Rheinländer seit Jan van Werth, fuhr für Ferrari die Formel-1-Kisten immer im Kreis herum. Er wäre Weltmeister geworden, wäre er nicht tödlich verunglückt. Im selben Jahrzehnt aber erblickte seine Reinkarnation in Hürth-Hermülheim das Licht der Welt. Die Eltern tauften das unschuldige Wesen auf den Namen Michael Schumacher, und es sollte nicht lange dauern, bis die Spürhunde der italienischen Firma das Kindlein ausfindig machten und in ihren Rennstall holten. Jetzt gewinnt der rheinische Bolide, eine windschnittige Idealkombination aus Mensch und Maschine, wie sie sonst nur noch unter der Typenbezeichnung Arnold Schwarzenegger bekannt ist, ein Rennen nach dem anderen. Gewinnt er nicht, wird er fies und fährt Kollegen an den Karren. Auch darin ähnelt der Rennstrecken-Rambo der österreichischen Kampfmaschine.

Daß das weitgereiste Phänomen Michael einer der Ihren geblieben ist, erkennen die Rheinländer an dessen Lust, sich einer an und für sich ebenso nutzlosen wie bescheuerten Tätigkeit voll und ganz zu widmen, wenn damit möglichst viel Geld zu verdienen ist und man nicht allzuviel Zeit dafür benötigt. Wichtige Voraussetzung für die völlige Hingabe an die Kiste auf der Piste ist das Heranwachsen in absoluter Reizarmut, wie es nur die Überlandhochleitungsmaststreckenmeditationen und das gleichförmige Wetter im Westen der rheinischen Tiefebene bietet. Auch Sausewind Hans Harald Frentzen und Bruder Ralf Schumacher profitierten von der reizlosen Beschränktheit der rheinischen Etappe.

Die Sitzsportart Radfahren feierte ebenfalls in den Sechzigern mit dem Wahl-Rheinländer Rudi Altig ihre ersten Triumphe. Dann bekannte sich die magentafarbene Telekom standortfest zu Bonn und Rheinland und seit dieser magischen Handlung fluppt es im T-Punkt nur so mit Tour-de-France-Erfolgen. Die knackigen Sattelheroen werden auf dem Bonner Marktplatz umjubelt wie sonst nur die Queen oder andere Relikte. Jeder ernst zu nehmende rheinische Familienvater nennt inzwischen ein Telekom-Baseballmützchen sein eigen und fährt, die anschmiegsamen Elastan-Fahrradhosen keß auf den strammen Schenkeln, das Team-Telekom-T-Shirt straff über dem prallen Bauch gespannt, mit seinem Leichtmetall-Rennrad zur nächsten Tankstelle, um dort sein Bier zu holen.

Verblichener Ruhm

1998 war es soweit: Pünktlich zum fünfzigsten Jahrestag seines Bestehens stieg der 1. FC Köln, eine der besten Thekenmannschaften des Rheinlands, aus der Bundesliga ab. Das Hännesjentheater der elf rot-weißen Freunde um den runden Ball hatte immer hohen Unterhaltungswert besessen, auch wenn der Erfolg ausblieb. Nur der passionierte Fußballer und Rheinländer Hennes Weisweiler kannte den Trick, wie man den Club zu ungeahnten Höhen führt. Er wußte, wie man die rheinische Fußballseele anstachelt und selbst so versonnen schüchterne Topkicker wie Wolfgang Overath zu Mittelfeldstrategen macht. Der FC bildete zusammen mit der Borussia von Mönchengladbach um den Fußball-Hippie Günter »Großfuß« Netzer das Zentrum von Anarchie, Apo & Ästhetik in der Bundesliga. Guildo Horn, Wolfgang Niedecken und Stefan Raab, die Kreativabteilung der Geißbockmannschaft, haben ihrem Verein ein kämpferisches Lied geschenkt: »FC jeff Jas!«, doch bleibt abzuwarten, was der rheinische Schlager wirklich vermag.

Ob sich der neureiche Angeberverein Bayer 04 Leverkusen überhaupt zu den rheinischen Thekenmannschaften zählen darf, ist fraglich. Zum einen ist er auf der falschen Rheinseite angesiedelt. Zum anderen läßt sein diszipliniertes, dabei aber ein wenig phantasieloses Spiel wenig Rheinisches erkennen. Jedenfalls haben sich die rheinischen Fußballfans trotz der Erfolge noch nicht recht mit der Werksmannschaft von Chemiegigant Bayer anfreunden können. Wer will sich auch offen zu einer Elf bekennen, die für Kopfschmerzmittel spielt.

Am schönsten is et zu Hause

Urlaub ist Freizeit plus Streß. Hier muß alles stimmen: Preis, Leistung und auch das Verhältnis. Am besten, man bleibt daheim. Die Bewohner einer durch die Jahrtausende bevölkerungsmäßig so buntgemischten Region wie das Rheinland haben es nicht mehr nötig, in fremde oder ferne Länder außerhalb der eigenen vier Wände zu reisen. Daß sie es trotzdem manchmal tun, zeugt von Neugier, Aufgeschlossenheit und der Tatsache, daß nebenan gerade gebaut wird und der Lärm einfach nicht mehr auszuhalten war.

Für Tagesausflüge steht der Kernkleinfamilie eine der älteren Freizeitparkanlagen Deutschlands zur Verfügung: *Phantasialand*. Hier wird keine Phantasie verlangt, nur Geld. »Nix es ömmesöns«, diese Urlauberweisheit lernen die Rheinländer bereits vor den Toren Kölns.

Für längere Ausflüge fällt den Rheinländern sofort *Frankreich* ein. Prinzipiell hat man es aber lieber, wenn die Franzosen gleich scharenweise ins Rheinland reisen, mehrere Jahre bleiben und Fisimatenten machen.

Dann ist da noch dieser brettharte Sandstreifen, mit dem das europäische Festland westlich endet. Die *belgische Küste* zieht den rheinischen Menschen magisch an. Wenn abends die fettigen Duftschwaden der Frittenbuden an den dick in Fleecepullover eingemummelten Strandspaziergängern vorbeiziehen, kommen zarte Heimatgefühle auf. Das dicht mit architektonischen Scheußlichkeiten aus den betonseligen Jahrzehnten bestückte Kontinentalende erinnert an rheinische Vororte und die städteplanerischen Glanzstücke, die die Kriegsverwüstungen festschrieben. Ganz ohne ausgefeiltes Tourismuskonzept vermittelt diese zum Hinterland erklärte Gegend unbeschwerte Heimatgefühle.

In *jwd* machen die Rheinländer Urlaub, wenn sie nicht weit fahren wollen. *Janz weit draußen* liegt alles, was nicht mittels leicht erreichbarer Autobahnausfahrt oder

Charter-Flug mit der Zivilisation verbunden ist und über keine festen Behausungen aus Stein oder Holz verfügt. Camping, wie *jwd* auch genannt wird, ist eine an der Sieg, der Wied, der nächsten Eifel- oder Sauerland-Talsperre erlaubte Art, seine Freizeit zu nutzen. Möglichst nahe an einer verkehrsreichen Bundesstraße schlägt der Rheinländer sein Familienzelt auf. Reduziert auf das steinzeitlich Lebensnotwendige huldigt er hier dem Urgrund rheinischer Existenz, sitzt, trinkt und redet mit den Nachbarn.

Aber egal, wo die Rheinländer im Urlaub auch angekommen, sie bleiben doch immer bei sich. Kurz werden die Sehenswürdigkeiten abgehakt, dann wenden sie sich flugs den Mitmenschen zu, um sie mit ihrem Redeschwall zu beglücken. Sie machen fröhlich mit, was angesagt ist. Bergbesteigungen, Bustouren, Heimatabende, egal was, die Rheinländer stürzen sich ins Vergnügen; sie haben schließlich gezahlt. Ihre Scherze hallen durch die stille Nacht, und ihr Frohsinn beglückt Mitreisende wie Einheimische gleichermaßen. Im Ausland verleugnen die Rheinländer ihre landsmannschaftliche Zugehörigkeit nie. Ob am Großglockner, am Wolfgangsee, auf Mallorca, Bali oder in der Dom Rep, stets schallt laut und deutlich ihr Ruf: »Schäng! Ich han ming Täsch verjesse! – Zilli, ich hol se dich!« Und vom ersten Tag an freuen sie sich auf die Rückkehr: »Nä, am schönsten is et doch zu Hause.«

Rheinischer Humor

Rheinländer sind nicht witzig. Sie haben Humor. Witze erzählen kann jeder lernen. Humor jedoch hat man, qua lokalem Geburtsrecht. Witz ist oberflächlich. Humor aber ist tief im rheinischen Seele-Körper-Dickicht verankert: Er ist die unabdingbare Voraussetzung, um überhaupt im Rheinland leben und überleben zu können.

Daseinsbewältigung

Die Rheinländer wissen instinktiv , daß die Welt unausrottbar verkehrt ist. Nichts läuft, wie es soll oder muß oder könnte. Der rheinische Alltag beweist es immer wieder aufs neue. Jedoch ist dieser Zustand der Welt gottgewollt und somit hat alles erst mal grundsätzlich seine Richtigkeit. Diese Erkenntnis, von anderen als Glaube denunziert, hilft, das Dasein auf Erden humorvoll zu bewältigen. Die Flucht in herben Zynismus, blanken Hohn oder verletzenden Sarkasmus ist im Rheinland unnötig und unbekannt. Nicht von ungefähr bedeutet Humor ursprünglich Feuchtigkeit; Trinken und Humor gehören zusammen, ebenso wie Regen und Humor. Siehe Irland.

Die Anfechtungen des Tagtäglichen, die Anfeindungen des Unabänderlichen, die andere, weniger trinkfreudige Menschen, einfach zerbrechen lassen, bewältigen die Rheinländer durch eine liebenswürdige, abwartende Distanz: »Erst mal nicht drum kümmern.« Diese Haltung hat Humor. Voraussetzung für jene erhabene Gelassenheit ist der zutiefst in der Realität verwurzelte rheinische Humanismus mit seinem Hauptlehrsatz: »Jeder Jeck is anders.« Man steht im Rheinland den Unzulänglichkeiten des Menschlichen wohlwollend gegenüber, ist duldsam gegen Schwächen, übt milde Nachsicht und bejaht ganz grundsätzlich die abgründige Kreatürlichkeit der Menschen. Anders gesagt: Man geht schonend mit sich um. Drei Wege führen auf unserem Planeten zu dieser Haltung: 1. schlichte Kindereinfalt 2. hart erkämpfte Erleuchtung oder 3. Rheinländer zu sein. Im Hintergrund des ganz dem Diesseits verpflichteten rheinischen Humors steht die Maximalkatastrophe Tod. Erst in Anerkennung des Todes kann sich der Humor voll entfalten, angesichts der Todes sind die Rheinländer glücklich und genießen das Diesseits: Humor ist, wenn man trotzdem lacht.

Heinrich Heine

Niemand kannte die Verbindung von Humor und Tod besser als der Mega-Rheinländer Heinrich Heine, der aus Exil und Matratzengruft seine lebenslustigen Reime gegen Regierung und Tod ausschickte:

»Unser Grab erwärmt der Ruhm.
Torenworte! Narrentum!
Keine beßre Wärme gibt
Eine Kuhmagd, die verliebt
Uns mit dicken Lippen küßt
Und beträchtlich riecht nach Mist.«

Falsche Rührung, Seelenschmalz, hohles Pathos, der ganze Kitschapparat war dem exemplarischen rheinischen Humoristen verhaßt. Die unerträgliche Seichtigkeit des Scheins ahnte er bereits, und oft nahm er Seelenlage wie Erkenntnisstand des heraufziehenden Soap-Zeitalters vorweg:

»Das Fräulein stand am Meere
Und seufzte lang und bang,
Es rührte sie so sehre
Der Sonnenuntergang.

Mein Fräulein! sein Sie munter,
Das ist ein altes Stück;
Hier vorne geht sie unter
Und kehrt von hinten zurück.«

Der rheinisch-individualistische Franzosenfreund schlug seinem Landsmann, dem preußischen Michel, regelmäßig dessen treudeutsche Art um die Ohren. Menschenverachtender Militarismus und dumpfes Gehorchen waren eben nichts für aufrechte Rheinländer:

»Sie stelzen noch immer so steif herum,
So kerzengerade geschniegelt,
Als hätten sie verschluckt den Stock,
Womit man sie einst geprügelt.

Das mahnt an das Mittelalter so schön,
An Edelknechte und Knappen,
Die in den Herzen getragen die Treu
Und auf dem Hintern ein Wappen.«

Unterm Pflaster liegt angeblich der Strand, doch im Rheinland hat man keine Lust, auf die Vollpension im Jenseits zu warten. Heines Motto: Feinkost für alle. Sofort!

»Ja, Zuckererbsen für jedermann,
Sobald die Schoten platzen!
Den Himmel überlassen wir
Den Engeln und den Spatzen.«

Absurdismus

Die Gemengelage in der ersten Hälfte des 20. Jahrhunderts konnte selbst die Daseinsschutzanlage rheinischer Humor nicht mehr unbeschadet verkraften. War Kaiser Wilhelm im ganzen Rheinland allgemein noch für einen Scherz gut, fiel einzig dem Nieder-Rheinländer Goebbels zu Hitler noch etwas ein. Im rheinischen Humor wurde daraufhin die Unterströmung des Absurden deutlich stärker: Eigentlich war nichts zum Lachen, gerade darum war alles extrem komisch. So hoffte man wenigstens einigermaßen mit der aus den Fugen geratenen Welt auszukommen; denn verkehrt war sie schon lange nicht mehr. Der rheinische Dadaist Max Ernst hatte in den zwanziger Jahren die Vorarbeit geleistet. Allerdings wurde das Hauptwerk des Absurdismus von einem irischen Wahlverwandten geschrieben: *Warten auf Godot*, dessen Helden Wladimir und Estragon den rheinischen Prototypen Tünnes und Schäl nachempfunden waren. Die Uraufführung war von Samuel Beckett insgeheim für den Wartesaal des Kölner Hauptbahnhofs geplant: dem universellen Symbol moderner Befindlichkeit. Leider ging die Idee auf dem Postweg verloren.

Moderne Daseinsbewältigung

Mit der Gattungsbezeichnung Comedy wird die humorige rheinische Daseinsbewältigung seit den Neunzigern verknüpft. Aus dem Absurden früher Krisenjahre wurde Ablachen pur im Sternzeichen der Börse. Wie vieles kurz vor der Jahrtausendwende ist die Comedy ein Kind der rheinischen Medienlandschaft. Pate standen das Volkstheater (Dependance Aachener Straße, Köln), die Rede in der Bütt, das US-amerikanische Fernsehen mit frühen Comedy-Serien wie *Daktari, Bonanza* oder *Flipper*, die ARD mit *Raumschiff Orion*, das ZDF mit Dieter Thomas Heck und der *Hitparade* des deutschen Schlagers. Finanziert wird das Ganze von RTL (ebenfalls Aachener Straße, Köln), dem Sender mit eingebauter Frohsinns-Mechanik.

Die Comedy nimmt das Leben sehr ernst. Bloß merkt

man es ihr nicht so an wie dem frühen rheinischen Humor. Sie stellt sich der postmodernen Erkenntnis, daß alles irgendwie mit allem zusammenhängt. Keiner weiß, wie, keiner weiß, wo, aber alle wissen, daß – oder wetten zumindest, daß. Diesen Zustand von ordnungspolitischer Abwesenheit reflektiert die Comedy. In der verwirrenden Beliebigkeit hochmoderner Zeiten mußten sich die Rheinländer notgedrungen zurechtfinden und antworteten blitzschnell mit der postmodernen Comedy-offensive zur Stabilisierung des rheinischen Gemüts. *Anything goes*, lautet die griffige Formel für den Einstieg in die Humorlage der zweiten Moderne, die sich auf das frühe Diktum des rheinischen Künstlers Beuys beruft, jeder sei ein Künstler. Der hat das natürlich nicht so ernst gemeint, wie viele ihn nehmen. Praktisch auf die Comdey angewandt, schafft der Lehrsatz den nötigen Freiraum: Jeder kann machen, was er will, und wenn mindestens einer lacht, dann ist es bestimmt Comedy. Und wird gesendet.

Willy Millowitsch
Der dicke Mann mit dem Schnäuzer gilt als der mediale Ziehvater der Comedy mit ihren Wurzeln im Volkstheater. Bereits 1953 schaffte er den Sprung auf die nationale Mattscheibe und bereitete nicht nur das Rheinland auf das noch Kommende vor. Seine Stärke und sein beliebtestes humoristisches Mittel ist die unendliche Wiederholung bis zur völligen Sinnentleerung. Der Quotenrenner *Der Etappenhase* wurde über tausendmal von ihm gespielt und seinen Hit »Ich bin ene Kölsche Jung, wat willste mache« sprechsingt der Humor-Methusalem noch

aus dem Grab. Diese Publikumsverbundenheit schätzt das Rheinland und würdigt gern den konsequenten Einsatz des großen alten Mannes: »Du, der Willy will auf der Bühne sterben.« – »Prima, jibt et noch Karten?«

Hella von Sinnen
Die dicke Frau aus Gummersbach ist die Reinkarnation der rheinischen Volksseele Trude Herr. Hella ist wie Trude eine schrille Person und an tradierten Humorformen wenig interessiert. Sie versteht sich als Ganzkörperkunstwerk wie als lebende Skulptur. Comedy und Entertainment sind ihr eins, was die Show *Alles nichts, oder* wirklich unterhaltsam machte. Erwachsene Menschen – meist Rheinländer – feierten dort Kindergeburtstag total. Die Frohsinns-Perle emigrierte nach Quoten-Verfall in die Rosa Sitzung zum Karneval, um dort für das richtige »Tschaka tschaka« zu sorgen.

Dirk Bach
Gemeinsam mit Hella von Sinnen fiel die dicke Quietschente rheinischer Herkunft in Berlin durch die Aufnahmeprüfung zur Schauspielschule. Was in Preußen nicht weiter verwunderlich war und beide im Rheinland für den Beruf des Comedysten qualifizierte. Dirk Bachs niedliches Bäuchlein macht Reklame für das rheinische Boulevardblatt *Express*, gestaltet Rollen am Kölner Schauspielhaus und geht als Serienheld *Lukas* für das ZDF auf Quotenfang. Er ist der lebende Beweis, daß man Comedy nicht lernen kann.

Walter Bockmeyer
In Geierwallys Filmdose in Köln erlebte Dirk Bach den Durchbruch seiner Schauspielberufung. Wally Bockmeyer, der dicke Impresario der rheinisch-schwul-lesbischen Comedyszene, versorgte nach und nach das Fernsehen mit immer neuen Lachnummern. Seine Diva Ralph Morgenstern kreischt mittlerweile als Kaffeeklatschtante durch die Kanäle, während der Maestro daselbst nach dem Erfolg von *Sissi, Beuteljahre einer Kaiserin* immer neue Urstoffe der Weltliteratur in seinem Privat-Theater verwurstet.

RTL Samstag Nacht
Bei dem rheinischem Privatsender hatte irgendein Programmverantwortlicher die geniale Einsicht, daß Restdeutschland nachts nichts zu lachen hat. Die clevere Marktforschung fand heraus, daß der frohsinnbedürftige Teil der Menschheit besonders samstags einiges an Lachkapazitäten frei hatte. Praktischerweise gab es die USA und dort das TV-Format *Saturday night live*. Also brachte man die amerikanische Sendung auf den deutschen Hund und ließ junge Menschen lustige Witze rauf und runter spielen. Da die Jungs und Mädels um Wigald Boning und Esther Schweins so dufte Quoten und Werbeverträge absahnten, gestalten auch die anderen Privaten dem Comedynachwuchs Programmplätze. Bei *Samstag Nacht* wie bei den anderen Sendungen merkt man, daß Comedy sowenig mit Komödie zu tun hat wie Humor mit Komik.

Jürgen von der Lippe
Ein dicker Entertainer aus Aachen, der sich die Bewältigung der öffentlich-rechtlichen Samstagsabendunterhaltung zur Lebensaufgabe gemacht hat. Erinnert mit Bart, Bauch und Kleinwuchs an irische Vorbilder, steht jedoch in direkter Kleidernachfolge des großkarierten Peter Frankenfeld. Er zeigt, was Comedy völlig ohne Quotendruck zu leisten vermag.

Guildo Horn
Der dickliche, schlagersingende Pädagoge aus der Stadt mit dem heiligen Rock predigt die Befreiung von der Vernunft. Und lebt sie meist in Köln vor.

Kardinal Meisner
Der dünne, schmallippige Kölner Oberhirte gibt leidenschaftlich gern den Comedy-Gruselschinken »Die Hölle auf Erden«. Er verwechselt permanent Neuzeit und Mittelalter und kommt einfach nicht von der Inquisition los. Wie manch anderer Comedystar ist er unfreiwillig komisch.

Rheinisches Essen & Trinken

Essen empfinden die Rheinländer als unpassende und störende Einschränkung ihrer natürlichen, im rheinischen Grundgesetz festgelegten Kommunikationsfreiheit. Mit vollem Mund spricht man schon, klar, aber die Redebestandteile sind mit Essenspartikeln vermischt, und viel lieber würde man dem Gegenüber wortreich mitteilen, was für eine Pampe man schon wieder zu sich nehmen mußte, als ihm diese Information als haptisch-olfaktorische Erfahrung gleich mitzuliefern. Essen ist lebensnotwendige Nahrungsaufnahme, keinesfalls zu langem Genuß hinausgezögerte Tafelfreude. Die beginnt erst nach der Tafel, oder vorher. Der eigentliche Genuß ist die regelmäßige Zusammenkunft.

Hausmann's Kost

Im Rheinland wird gegessen, was auf den Tisch kommt. Und was auf den Tisch kommt, bestimmt in konzertierter Aktion mit Aldi, Plus, Spar, Rewe, Edeka und der Tiefkühlindustrie die rheinische Hausfrau. Deren Sozialisation ist durch eine lange Reihe von deftigen Familienfesten geprägt, die unweigerlich in der heiligen Dreifaltigkeit von Suppe, Braten, Kompott gipfelten. In der Neuzeit wurden an dem traditionsreichen Arrangement nur kleine Änderungen vorgenommen: Die Salzkartoffeln wurden durch Kroketten ersetzt, statt Braten landet ein Schnitzel oder Steak auf dem Teller, und der Kompott mußte Vanilleeis mit heißen Kirschen weichen.

In den urigen rheinischen Gaststätten – Eiche rustikal – werden die Erwartungen des zahlenden Publikums restlos erfüllt: Fleisch satt, Beilage reichlich, beides genießbar. Sogenannte Feinschmeckertempel, die es wagen, das Fleisch halb roh auf den Teller zu bringen, die Erbsen direkt vom Strauch statt aus der Dose zu reichen, den Esser mit ominösen Vorspeisetellern anstelle einer anständigen Kraftbrühe mit Einlage zu traktieren, und das noch bei Portionen, die gerade was für den hohlen Zahn sind, werden unverzüglich vom Rheinland über die Grenze in die Pfalz abgeschoben.

Rheinische Kneipen hingegen bemühen sich wenig um die hungrigen Gäste. Soleier – hartgekochte Eier in Lake, mit Essig, Öl und Senf zu verzehren –, die angeblich die Promille reduzieren und in einem Glasgefäß auf der Theke vor sich hin dümpeln, gelten als Medikament, besänftigen aber auch das Magenknurren.

Das Nationalgericht

Der einzig- und eigenartige Höhepunkt der rheinischen Küche besteht aus einem anständigen Stück Rind, das über Nacht in Wein, Lorbeer und Rosinen eingelegt wird.

Am nächsten Morgen ist es zermürbt, riecht streng und auch Gebißträger haben gute Chancen, sich mal wieder an Fleisch satt zu essen. Um den richtigen Zeitpunkt der Zugabe von Rosinen (direkt, mitten in der Nacht, nach dem Anbraten, nur bei Vollmond ...) streiten sich die rheinischen Städte, Dörfer, Generationen und Familien.

Die perfekte Zubereitung und besonders das Abschmecken der sämigen süß-sauren Soße sind wirklich nicht einfach: Die Sauerbratenprüfung ist für die Rheinländerinnen der Ritterschlag am heimischen Herd. Erst wenn die Schwiegermutter den ersten Sauerbraten jener Frau gekostet hat, die ihr den Sohnemann weggenommen, und diesen Bissen dem Sohnemann wohlmeinend in den Mund schiebt, ist die Aufnahme der Schwiegertochter in die rheinische Sippe gültig vollzogen.

Das Leibgericht

Blut ist ein ganz besonderer Saft – genau, dachten sich die Rheinländer und hängen mit einer ausgesprochenen Vorliebe der Blutwurst an. Zwischen Eifel und Westerwald kennt man sie als »Flönz« – in gehobenen Etablissements als »Kölscher Kaviar«. Ihre wahre Bestimmung findet die magische Wurst im rheinischen Leibgericht, das im Zuge der kulinarischen Aufwertung der einst nationalsozialistisch mißbrauchten Eintöpfe wieder zu Ehren kommt: dem breiartigen »Himmel un Ääd« (vulgo Himmel und Erde).

Die ach so glückliche Vermählung von Diesseits und Jenseits als Pampe ist die wahre Leibspeise der Rheinländer. Als wirkungsmächtiges Abbild ihrer leiblich-seelischen Befindlichkeit (»et ärm Dier«) dient sie dem Rheinländer zur Bestätigung der fein empfundenen Tatsache, daß sowieso alles eins ist.

Die Grundlage der metaphysischen Gaumenfreude bilden Kartoffeln, die mit Äpfeln zu einer Art Brei vermischt werden. Bereits in dieser sinnreichen Kombination vermischen sich Erde und Himmel untrennbar. Die Rheinländer wissen diesen Zustand zu schätzen. In den etwas blassen Matsch gehört nun eine voluminöse Portion Blutwurst, die beim Untermischen zerbröselt. Mit dem rituellen Verzehr von »Himmel un Ääd« besiegeln respektierte Druiden (Thyssen, Schmitz de Aap, Hans Imhoff ...) den großen Pakt der Rheinländer mit den Göttern, um dem Rheinland ein weiteres Jahr Fruchtbarkeit zu gewähren.

Rievkooche

Der Reibekuchen hingegen, von Liebhabern Rievkooche genannt, ist die heimliche Leidenschaft der Rheinländer. Das in seiner Einfachheit extrem raffinierte Gericht ist kein Kuchen, wird aber gerieben. Es besteht aus geraspelten Kartoffeln, die als etwa handtellergroße Fladen in viel Bratfett gebrutzelt werden. Im Idealfall, der natürlich nie erreicht wird, ist ein Rievkooche fünf Millimeter flach, mißt fünfzehn Zentimeter im Durchmesser, schimmert goldgelb und hat leicht bräunliche Ränder.

Nicht wenige Rheinländer erwärmen sich inzwischen auch für das kalte, fette, schlappe, gummiartige Reibekuchen-Imitat, wie es vorzugsweise auf der Kirmes oder ähnlichen Volksfesten angeboten wird. Die Überwindung der Ekelschwelle wird mit einer hurtigen Achterbahnfahrt belohnt, nach der sich der Rheinländer gern wieder von seinen Rievkooche trennt. Spaß muß sein.

Die rheinische Zentrale für das Reibekuchenwesen befindet sich in Köln direkt gegenüber vom Eingang des Hauptbahnhofs. Kaum tritt der Reisende aus dem Hauptportal und lenkt den Blick unwillkürlich nach oben zum Dom, sticht auch schon ein leicht ranziger Rievkoochegeruch in die Nase. Der Blick senkt sich, und die Umrisse einer kleinen Verkaufsbude schälen sich schemenhaft aus dem Reibekuchendunst. Dort, auf den rauchenden Eisenplatten, werden Prachtexemplare rheinischer Reibekuchenkunst fabriziert und an hungrige Mäuler verscherbelt. Drei Stück 'ne Mark. Tendenz steigend.

Kohl, immer nur Kohl

Das rheinische Gemüse an sich ist der Weißkohl, auch Kappes genannt. Es dient hauptsächlich der Sauerkrauterzeugung, weniger der Kanzleramtssicherung. Im Zuge rheinischer Frohsinnsexperimente konnte die Devise »sauer macht lustig« destilliert werden. Durch die jahrhundertelange allwinterliche Anwendung von Sauerkraut erhielten sich die Rheinländer auch in der dunklen Jahreszeit ihre Seinsleichtigkeit. Das in der rheinischen Kappesmetropole Neuß geschürfte Sauerkraut ist milder Natur und kommt ohne Wein aus: ein Kraut wie die Menschen, die es erzeugen.

Kulinarische Mutprobe
Zu ihrer Belustigung haben die stets zu Scherzen aufgelegten Rheinländer ein Gericht kreiert, das auf keiner Kneipenspeisekarte fehlen darf (oft ist es auch das einzige): der *Halve Hahn*.

Bestellt der nichtsahnende Fremdling diese angebliche Götterspeise in der irrigen Annahme, ein knusprig gebackenes halbes Hähnchen zu erhalten, huscht ein erstes verschmitztes Lächeln über das Gesicht des Köbes, jenes sonst eher ebenso strengen wie ruppigen rheinischen Kellners. Nach angemessener Wartezeit wird ein Teller gebracht, auf dem sich eine knochenharte Röggelchenhälfte befindet, belegt mit einer dickeren Scheibe Gouda. Darauf können sich, und hier handelt es sich um die opulente Luxusversion, noch ein paar Zwiebelringe tummeln, vielleicht ein wenig Paprikapulver. Die entsetzt-enttäuschte Miene des Fremdlings quittieren die Rheinländer mit frohem Gelächter. Neben der dunkelbraunen Brötchenhälfte liegt ein kleines Plastikbeutelchen mit der Aufschrift »Düsseldorfer Löwensenf«. Der Gast reißt verzweifelt an dem widerständigen Stück Plastik, bohrt mit der Gabel sodann ein kleines Loch hinein und appliziert die dunkelgelbe Creme auf den Käse. Dabei bekleckert er sich wahrscheinlich die Klamotten. Die Rheinländer sind inzwischen aufgestanden und haben sich um den Tisch versammelt, trinken und schließen Wetten ab. Schließlich ein entnervter Biß direkt in das Nahrungsmittel hinein. Augenblicklich schießen Tränen in die Augen. Man dreht das Plastikbeutelchen um und erblickt die Aufschrift »extra scharf«. Die Rheinländer jubeln.

Der Verzehr dieser Köstlichkeit ist die ultimative Herausforderung für jeden Fremden. Das *Halve-Hahn*-Ritual ist Kneipenpflicht, und die Mutigen, die sich ihm unterziehen, betrachten die Rheinländer mit Wohlgefallen. Handelt es sich hier doch ähnlich wie beim Verzehr kalter, schlabbriger Reibekuchen um eine tapfere Tat, die die Aufnahme unter die Rheinländer garantiert.

Die Flüssigkeitszufuhr

Reden und Trinken ist einfacher zu kombinieren als Reden und Essen. Darum räumt man im Rheinland dem Trinken den Vorzug vor dem Essen ein. Denn auch beim Trinken kommen jede Menge Kalorien zusammen.

Außerhalb des Rheinlandes braucht es vielleicht den Alkohol, um zur Rede vorzustoßen, dann den Redefluß einzuleiten, um schließlich bis zur Redseligkeit zu gelangen. Innerhalb der rheinischen Grenzen ist selbst durch übel mit Chlor versetztes Leitungswasser der Redefluß kaum zu bremsen.

Getränke nimmt man am liebsten »im Stehen« zu sich: Ihr Durchfluß ist ungehemmter, und der Alkohol wird optimaler verteilt. Im Stehen ist der Kommunikationsradius größer – nicht nur ein oder zwei Mittrinker können beschallt werden, durch kurze Stepschritte liegt der gesamte Kneipenraum weit offen vor dem Durstigen. Außerdem kann man sich bei steigender Erheiterung den Nachbarn aussuchen, an den man sich freudig schwankend anschmiegt.

Eine Gaststätte reicht längst nicht, um den rheinischen Wunsch nach Beisammensein und Kommunikation zu befriedigen. »Zug durch die Gemeinde« nennen Rheinländer ihre Angewohnheit, von Kneipe zu Kneipe zu schwanken. Damit die zurückzulegenden Strecken nicht zu gewaltig werden, liegen die Kneipen dicht nebeneinander. Besonders in den als Altstadt getarnten Sanierungsgebieten hat man dieses System perfektioniert.

Das Nationalgetränk

Bei jeder sich bietenden Gelegenheit (morgens, mittags, abends) nehmen die Rheinländer obergäriges Bier zu sich. Überall stehen zu diesem Zweck die Menschen herum und halten schmucklose, schmale hohe oder breitere gedrungene Gläser in den Händen, die sogenannten Stangen. Das Obergärige wird entweder nach der Stadt benannt (Kölsch) oder nach dem Aussehen seiner Trinker (Alt). Schaumproduktion ist für das obergärige Bier nicht wichtig. Das umständliche Zelebrieren der Schaumkrone wie in nördlichen Pilsregionen, das unerträgliche zehnminütige Warten und der unweigerliche Schaumtupfer auf der Nase nach dem ersten Antrinken behagen den Rheinländern nicht. Ex und hopp lautet die Devise: rein ins Glas, raus aus dem Glas. Das Zapfen geht flott vonstatten, und die Gläschen sind im Nu ausgetrunken. Langsames Trinken bestraft der Köbes durch Zwangsentzug des viertelvollen Glases unter Hinstellen einer neuen Stange. Das Volumen bemißt sich akkurat nach der Länge einer rheinischen Redepause oder der Kürze eines rheinischen Gedankengangs. Kein anderes Getränk begleitet den Sauerbraten besser auf seinem Weg als die permanente Umspülung mit Obergärigem.

Sekundenkleber

Knallgelb und dickflüssig quillt bei Verpoorten der Eierlikör aus den Bonner Fertigungsanlagen. Nachdem diese Kalorienbombe einst den rheinischen Kompott und Pudding verschönte, hat das »Ei, ei, ei Verpoorten« jetzt als Szenegetränk zur Jugend allerorten heimgefunden.

Himmlischer Beistand

Das bekannteste und hochprozentigste Alkoholderivat des Rheinlandes ist der *Klosterfrau Melissengeist*. Die klare Flüssigkeit in unverdächtiger Aufmachung trinkt der Alkoholiker im Kreis seiner Familie. *Klosterfrau Melissengeist* gilt als Medizin und wird weitgehend über Apotheken vertrieben und als »Frauentrost« in unzähligen Haushalten geschätzt. 79 % Alkohol sind ein umwerfendes Argument.

Afri-Cola

Die koffeinhaltige Brause wurde schon vor dem Zweiten Weltkrieg im Rheinland aus streng geheimen Zutaten zusammengemischt. Ende der Sechziger machte eine Reklame des Düsseldorfer Werbegurus Charles Wilp das Getränk über die Rheinlande hinaus populär. Nonnen drehten sich hinter verschmierten Scheiben, die Welt badete im Afri-Cola-Rausch. »Sexy-Mini-Flower-Pop-op-Cola – alles ist in Afri-Cola«: die einzige echt rheinische Reklame, die je produziert wurde: surreal, lustig, durchgeknallt, ein bißchen daneben, leicht unscharf, mit schräger Musik und super Nonnen.

Rheinische Feier- & Festtage

Das Leben ist den wonnig-sonnigen Rheinländern ein einziger Großfeier- und Gesamtfesttag. Feste zu feiern, wie sie fallen, gehört zur echt rheinischen Lebenskunst, besonders auch, sie rechtzeitig, geschickt und deutlich fallen zu lassen. Rheinländern fällt es eher schwer, die Nichtfeiertage aufzuzählen oder sich in dem anstrengenden Permanentfrohsinn auch mal eine Auszeit zu gönnen.

Andernorts braucht man Anlässe zum Feiern. Im Rheinland ist man sich selbst Anlaß genug. Das Zusammentreffen von zwei Rheinländern reicht als Initialzündung für ein kleines Divertissementchen. Dabei bleibt es nicht lange: Denn kaum stehen zwei Rheinländer zusammen, vermuten die anderen mit Recht, es handele sich um eine Feier, und gesellen sich ohne weiteres dazu. Auch Nicht-Rheinländer, die schüchtern um die frohsinnig mit sich selbst beschäftigte Menschengruppe herumschleichen, werden vorbehaltlos in die Feier- und Festkultur einbezogen: »Drink doch eene mit, stell dich nit esu an, stehst doch he de janze Zick eröm ...« Die rheinische Nationalhymne faßt die Sorge um den anderen, verbunden mit dem Wissen um einen geradezu metaphysischen Durst und die Knappheit an Lebensjahren, die nicht unnütz verschwendet werden dürfen, in schönste Worte.

Der Rosenmontag

Nicht Weihnachten, nicht Ostern oder Pfingsten, und schon gar nicht der 3. Oktober, sondern der Rosenmontag ist der höchste Feiertag im rheinischen Festkalender. Die kleineren Feiern an den restlichen 364 Tagen des Jahres kulminieren alle in diesen Gipfelpunkt aus Endzeitstimmung, Ekstase und Erbrochenem. Über die ordnungsgemäße Abwicklung der Orgie wacht das Zentralorgan für rheinisches Festwesen, das Festkomitee. Mit ihrem bombastischen Zentralfest zeigen die Rheinländer der Welt, daß Feiern unendlich anstrengend ist und daß nur echte Profis dem rheinischen Feiermarathon gewachsen sind. Von der vielgepriesenen rheinischen Narrenfreiheit ist an diesem Tag wenig zu spüren. Sie unterliegt rosenmontags der freiwilligen Selbstkontrolle der Berufsnarren und dem strengen Reglement durch eben jenes Festkomitee.

An diesem Vorzeigetag rheinischen Spaß an d'r Freud wird programmgemäß die Mutter aller Umzüge veranstaltet: der Rosenmontagszug. In diesem Gewaltmarsch unzähliger verkleideter Rheinländer erreicht die Fünfte Jahreszeit ziemlich angeheitert ihren Höhepunkt. Ohne die Maskerade als jemand anderer als der, der man ist oder zu sein vorgibt, macht »dä Zoch« nur halb soviel Sinn. Gerade die Rollenspiele im Jeckenkostüm bringen

Vielfalt ins Treiben. Was die Seelenklempner erst im 20. Jahrhundert als Segen und Methode entdeckten, hatten die Rheinländer viel früher bereits institutionalisiert: das Psychodrama als Daseinsform, das Outing als Fest.

Der Phantasie sind bei der Kostümierung für den rosenmontäglichen Spaziergang eigentlich keine Grenzen gesetzt. Der überwiegende Großteil der Teilnehmer jedoch ist alljährlich als Clown oder Prinzessin verkleidet. Hierbei handelt sich um die wesentlichen Archetypen rheinischer Männlich- beziehungsweise Weiblichkeit. Diesen unbewußten, pränatalen Formungen kann kein Rheinländer entgehen, so daß diese Verkleidungs-Zwangshandlung als naturhaft gegeben gelten muß. Rheinländer, die ihre Psyche im Kontakt mit fremdländischen Archetypen ausdifferenzieren konnten, zeigen eine größere Modellvielfalt: Cowboy oder Indianer, Pirat, Edelfräulein, Haremsdame, Hexe. Unterm Strich gilt: Die rheinischen Herren versuchen gefährlich und verwegen auszusehen, während die rheinischen Damen gern etwas Verführerisches und Aristokratisches in ihr Wesen legen. Das Evakostüm wird immer noch strikt vom Festkomitee abgelehnt, obwohl die leckeren Sambamädels (»Ich sach dir!«) der Partnerjecken aus Rio bei geschlossenen Herrenabenden mehr als gern gesehen sind. Das Adamskostüm kommt für die Herren sowieso nicht in Frage: Es sitzt nicht richtig.

Den Rosenmontagszugteilnehmern aus dem provinziellen Rest der Welt reicht ein neckisches Lippenstiftherzchen auf der Wange sowie die rote Plastikknubbelnase einfach oder mit angeklebter Brille plus Augenbrauen als Verkleidung. Schminke ist überflüssig, da diese gehemmten Menschen den ganzen Tag über mit hochrotem Kopf herumlaufen. Derart unkenntlich gemacht, kann man sich alles, aber auch alles, erlauben. Das »alles« reicht von solch unerhörten Begebenheiten wie »einmal mit anderen aus demselben Glas trinken« oder »einmal von einem Wildfremden, einer Wildfremden bebützt werden« oder gar »einen Wildfremden, eine Wildfremde einmal selbst aktiv bebützen« bis hin zu »einmal einem Polizisten die Mütze klauen«. Das alles ist für diese Karnevalsamateure unnachahmlich komisch und verleiht dem total ausgelassenen Rosenmontagstreiben die nötige Würze.

Innerhalb des Rosenmontagszugs bilden die als Festwagen oder Themenwagen verkleideten Trecker mit Hänger eine Sondergruppe. Nur wirklich wichtige Menschen, hochverdiente Mitglieder der Narrenzunft, dürfen auf diese »Spaßmobile«. Von hier haben sie endlich freie Bahn, die verhaßten Untertanen gezielt mit Wurfgeschossen zu bombardieren. Das Thema des Wagens ist grundsätzlich geheim und auch nach der Umsetzung via Pappmaschee und Kleister läßt sich das Rätsel nicht lösen. Dennoch werden sie von den Narren mit großem Jubel begrüßt, immerhin befindet man sich auf dem Zenit der tollen Tage. Das Schunkeln, Singen und Bützen im närrischen Volk in den enggestaffelten Reihen will kein Ende nehmen. Die Love Parade für ältere Semester produziert einen Höhepunkt nach dem anderen, bis die gewählten Tollitäten auf ihrem Wagen erscheinen. Erste Narren sinken trotz Platzmangels – sei es aus Ehrfurcht, Sauerstoffmangel oder Alkoholüberdosis – langsam zu Boden. Sie haben den schönsten Tag ihres Jahres bereits hinter sich gebracht, die anderen müssen noch weiterschuften. Nach und nach leert sich der Zugweg, zurück bleibt eine extrem klebrige, wie auch rutschige Masse aus Konfetti, Kamellen und Magensäure.

Abends nach dem Umzug begeben sich die noch halbwegs funktionstüchtigen Rheinländer in die Kneipen und nehmen Kontakt mit den dort gestrandeten, nicht mehr funktionstüchtigen Rheinländern auf. Wer noch kann, macht mit; was, ist egal. Wildfremde Menschen liegen sich in den Armen, weil sie nicht mehr stehen können. Und auch Eheleute kommen sich wieder näher.

Sonstige Umzüge

Umzüge aller Art – also der Versuch, eine relativ festgelegte Strecke zwischen zwei relativ festgelegten Punkten möglichst in Gesellschaft zurückzulegen – machen die Rheinländer glücklich. Auch der von Bonn nach Berlin, da nun zwischen den beiden Städten ein heftig subventionierter Nahverkehr stattfindet. Doch dichtgedrängt nebeneinander zu stehen oder zu marschieren steigert noch das Vergnügen.

Als erster professioneller Veranstalter engagierte sich die rheinisch-katholische Kirche für ihre Schäfchen. Von Köln führte ein Pilgerhighway geradewegs nach Santiago de Compostela in Nordspanien. Diese Jakobsweg genannte Touristenroute war eine Goldgrube: Wegzoll konnte erhoben und die Pilger wahlweise ausgeraubt oder verköstigt werden. Unliebsame Familienmitglieder wurden mit süßen Worten zu der gefährlichen Reise verlockt und die ersten Kontakte mit dem späteren Urlaubsland Nummer eins geknüpft.

Die rein formale Grenzsicherung des rheinischen Territoriums besorgen die örtlichen Schützenvereine. Ihre martialischen Umzüge verkünden potentiellen barbarischen Eroberern: »Paßt bloß op, sonst werdet ihr einjemeindet.« Die Gewehre der antimilitaristischen Heroen sind reine Attrappe, die Schwerter aus Plastik: Mitgliedschaft im Schützenverein ist der gefahrloseste Weg zu echtem rheinischem Heldentum.

Alljährlicher Höhepunkt des Friedensdienstes ist das Schützenfest, das mit besagtem Umzug verbunden ist. Die Neußer Schützen-Parade gilt als die größte Zusammenballung männlicher Zivilmilitaristen überhaupt. Reihe um Reihe defilieren fröhliche angetrunkene Burschen, die laubgesägten Schießprügel leschär geschultert, an den Zuschauern vorbei. Am Festplatz mit Buden und Attraktionen endet der Umzug, und die Schützen begeben sich geradewegs ins Festzelt, um den Festrausch zu gestalten.

Seitdem der völlig humorlose Schnauzbart Saddam Hussein ausgerechnet zur Session '91 in Kuwait einfallen mußte, gibt es die inoffizielle Alternative zum Rosenmontagszug: den Geisterzug. Ausgerechnet zur Karnevalszeit mußte der Golfkrieg losbrechen, und schweren Herzens entschlossen sich die rheinischen Heimat- und Brauchtumsvereine, den Straßenkarneval abzusagen. Unverhofft brach daraufhin die echte Karnevals-Anarchie los. Wie es seit dem 12. Jahrhundert Brauch ist, formierte sich ein unorganisiert-undogmatischer Straßenzug. Die Profialternativen hatten es den Profikomiteelern mit ihrem tagesaktuellen Geisterprotestzug wenigstens einmal so richtig gezeigt.

Das Familienfest

Fest satt, das bedeutet für Rheinländer, sich im Schoß der Ganzgroßfamilie einzufinden und dort zu verweilen. Kaum hockt man gemütlich um den Couch- oder Küchentisch herum, geht die rheinische Talk-Show auch schon los. Festlich-freudig zieht man über die Abwesenden her, denen man alle nur möglichen Ungereimtheiten andichtet, um dann zu den Anwesenden überzugehen, mit denen gleichermaßen verfahren wird. Alles wird ausführlich und offen ausgesprochen, Tabuthemen gibt es nicht. Außenstehende empfinden diese Unterhaltungen oft als niveau- oder distanzlos, ja sogar beleidigend für die Teilnehmer. Die Rheinländer verstehen das nicht, gilt doch für sie auch hier der christliche Grundsatz »Austeilen ist seliger als nehmen.«

Die zentrale Stelle im Familienfestwesen, man mag sagen im Leben der Rheinländer, nimmt der Tod ein. Nicht der eigene, Gott bewahre, sondern der der Mitrheinländer. Diesen würdigen die Übriggebliebenen gern bei der Beerdigung, gibt er ihnen doch die Gelegenheit, sich mal wieder zu treffen. Der tiefere Sinn dieses rheinischen Allround-Feiertages ist das Betrauern der eigenen Vergänglichkeit bei gemeinschaftlichem Herausposaunen der eigenen Freude, noch zu leben.

»So jung kommen wir nie mehr zusammen« – die bei jeder Beerdigung rituell wiederholte Feststellung bringt den Wunsch nach hohem Alter, verschönt mit möglichst vielen Beerdigungen anderer, auf den Punkt. Wo kommt man denn so nett zusammen wie beim Leichenschmaus? Wo herrscht so viel wahre Heiterkeit? Weit entfernte Verwandte und selten getroffene Bekannte sehen sich endlich wieder: »Wie, du lebst auch noch?«, heißt es ebenso entsetzt wie begeistert. Liebevoll sinniert man an der Kaffeetafel, wer der nächste sein könnte, auf dessen Beerdigung man hoffen darf. Gestärkt durch die Einverleibung geistiger Getränke bricht sich – je später der Abend, je lauter die Lebenslust – schließlich ein Lied Bahn, das der Zuversicht der Anwesenden auf ein finales Happy-End Ausdruck verleiht: »Wir kommen alle alle alle in den Himmel, weil wir so brav sind.« Damit ist die Beerdigung beendet und der Tote mit aller nötigen Sorgfalt und Hingabe der Erde wiedergegeben.

Der Mittwoch

Der Mittwoch wurde im Rheinland gleich nach Anbruch der Arbeitszeitrechnung um 20 000 vor Christus (Menschwerdung) kurzerhand zum inoffiziellen Feiertag erklärt. Die Hälfte der Arbeitswoche ist vorbei: wenn das kein Grund zum Feiern ist. Ausgelassene rheinische Beamte sind dann auch vormittags nicht zu erreichen; Straßenarbeiter wechseln die Schüppe, auf die sie sich den Rest der Woche stützten werden; und das fürsorgliche Management denkt konstruktiv darüber nach, wie man den lieben Angestellten eine unbegrenzte Zahl freier Tage verschaffen kann.

Die moderne Arbeitsforschung bestätigt die Ultra-Modernität der Rheinländer: Schufterei und Fließbandarbeit sind out, Gruppenarbeit und individuelle Strukturierung des Arbeitstages wie Kopfarbeit sind in. Merkwürdigerweise wird in den vier rheinischen Arbeitstagen genausoviel geschafft, wie andernorts in fünf. Der Grund ist die produktivitätfreisetzende, entspannte rheinische Arbeitseinstellung: »Wenn mer erst mal jut jefrühstückt han, jearbeit han mer schnell.«

Rheinische Geschichte

Neben dem Zweistromland an Euphrat und Tigris gilt das grünlich-braune Einstromland am Rhein als die Wiege der Menschheit. Während die Affenpopulation andernorts noch nicht einmal daran dachte, aufrecht zu gehen, war der Rheinländer im Neandertal mit der Menschwerdung schon fertig. Dito ist rheinische Geschichte immer auch, ja fast ausschließlich, Menscheitsgeschichte. Leider sind jedoch die Aufzeichnungen über ihren wichtigsten Teil, die Jahre von 20 000 vor Christus bis 50 vor Christus mehr als dürftig. Die letzten zweitausend Jahre sind demgegenüber vergleichsweise uninteressant.

Vielen scheint es, als lägen die Ursprünge des legendären Atlantis in der Kölner Bucht, als wären UFOs ständig dort gelandet, als wäre die dickbauchige Aktenmappe X dort vergraben worden und als wären die früheren, uns unbekannten, aber mächtigen, langlebigen, sanften und vor allem dicken Herrscherinnen des Urrheinlandes von anderen Sternen gekommen. Sie haben recht. Aber bedauerlicherweise gibt es außer ein paar Kratzern auf der Fahrbahndecke der Autobahn zwischen Köln und Bonn keinerlei Beweise. Das Gefühl jedoch, irgendwie auf einem anderen Stern zu sein, beziehungsweise im Vergleich mit anderen irgendwie von einem anderen Stern zu kommen, hat man im Rheinland heute noch.

Seit etwa zweitausend Jahren arbeitet, so lautet der Verdacht, eine Projektgruppe »Rheinische Weltmacht« im verborgenen an der Rückkehr rheinischer Urzustände, und eine beträchtliche Zahl ihrer Agenten ist im Laufe der Geschichte in den Annalen der Historiker aktenkundig geworden.

Römische Agenten

Die erste Lobpreisung des Rheinlandes nach dem langandauernden Goldenen Zeitalter stammt von Agent Caesar (Deckname: Der Imperator), der in seiner Propagandabroschüre *Dä bello Gallico (dt.: Der schöne Gallico)* den Rheinländern ein Denkmal setzte: die Männer schön, die Frauen tapfer, die Sitten locker, der Fluß blond. Agentin Agrippina (Deckname: Prinzessin Lea) verschafft der Kölner Bucht den lang anhaltenden Ruf, das Lotterbett des Abendlandes zu sein. Trotz ihrer Bemühungen wird Trier, nicht Köln, die Hauptstadt jenseits der Alpen. Die Agenten Cassius und Florentius (Decknamen: Power & Flower) gründeten den Pazifismus als weltweite Bewegung. Für ihre christlich motivierte Befehlsverweigerung wurden sie den wilden Tieren vorgeworfen, was sie im Rheinland automatisch für das Amt eines Schutzpatrons qualifizierte.

Fränkische Agenten

496 kämpfte bei Zülpich der fränkische Agent Chlodwig I. (Deckname: Darth Vader). In einem Handel mit Gottvater verpflichtete er sich, im Falle eines Sieges die gesamten West-Franken mit kaltem Wasser übergießen zu lassen. Denn nur durch diesen Deal bekam er seine stolzen Untertanen dazu, den rheinischen Glauben anzunehmen. Klar, daß Agent Gott (Deckname: Einauge) da mitspielte. Agent Kaiser Karl (Deckname: Europa) verpaßte die einmalige Chance, Köln zur ewigen Hauptstadt des Kontinents zu machen. Er wählte statt dessen seine Lieblings-Badewannen bei Aachen für seine Pfalz. Schließlich machte Agent Gunther Nibelung (Deckname: Luke Skywalker), aus seiner verkorksten Familiengeschichte das Beste und schenkte Gesamtgermanien eine erste Seifenoper, die jahrhundertelang am Lagerfeuer erzählt wurde, bis ein Sachse sie unbedingt vertonen mußte und dem breiten Publikum entfremdete.

Katholische Agenten

Agent Maternus (Deckname: Klüngel) schaffte es, den Kölner Stuhl auf eine Pole-Position hinter dem Bischofssitz von Rom zu schieben. Jedoch hat es seit Äonen kein Kölner Bischof bis auf die oberste Stufe des römisch-katholischen Siegertreppchens gebracht. Agent von Dassel (Deckname: Han Solo) Beauftragter des Reiches deutscher Nation für Italien, holte mit Balthasar, einem morgenländischen Mohren, den ersten Ausländerbeauftragten ins Rheinland. Agent Albertus Magnus (Deckname:

Obi wan Kenobi) begründete mit seinen philosophisch-theologischen Spekulationen in Nachfolge des Aristoteles den Glauben an die Empirie, der das Mittelalter vollkommen unbeabsichtigt in die Neuzeit katapultierte. Endlich einmal ist Köln wenigstens das geistige Zentrum des Abendlandes.

Fürstliche Agenten

Agent Clemens August (Deckname: R2D2) legte die Grundsteine für die Gästehäuser der späteren rheinischen Republik. Leider war Köln zu dieser Zeit nicht mehr der Nabel der Welt, doch stand der dicke Fürst fest in dem Glauben an zukünftigen rheinisch-republikanischen Glanz und baute ein Schloß nach dem anderen. Agent Johann Wilhelm (Deckname: Jan Wellem) heiratete Anna Maria Louisa de Medici. Der italienische Designimport machte Mode im Rheinland salonfähig und verdrehte den Düsseldorferinnen endgültig den Kopf. Agent Karl Theodor (Deckname: Tschubakka) läutet das Maschinenzeitalter ein. Er verleiht der Brügelmannschen Manufaktur in Ratingen das Privileg, die erste mechanische Baumwollspinnerei auf deutschem Boden zu betreiben. Trotz dieser Bemühung wird das Rheinland nicht zum Kraftzentrum der Industrialisierung. Aber wenigstens war Köln zeitgenössischen Beschreibungen nach die Bettlerkapitale Europas: Mehr als ein Drittel der Bevölkerung ging damals diesem Gewerbe nach.

Französische Agenten

Die Agenten X, Y, Z (Deckname: Frères Jacques; auch Liberté, Égalité, Fraternité) brachten dem Rheinland einen wohlriechenden Markenartikel, ein bürgerliches Gesetzbuch und etliches Amüsemang. Obwohl man sie brüderlich willkommen hieß, blieb Paris das Zentrum der Revolution, und Köln hatte wieder mal das Nachsehen.

Kommunitaristische Agenten

Unglücklicherweise war Berlin bereits die Hauptstadt Preußens, als das Rheinland eingemeindet wurde. Zudem gefiel den Preußen die Festung Ehrenbreitstein besser als Köln, also wurde Koblenz Verwaltungssitz. Aus Rache gründete der Trierer Agent Karl Marx (Deckname: Dialektik) zusammen mit dem Wuppertaler Agenten Friedrich Engels (Deckname: Kapital) eine Weltbewegung. Zusammen verfaßten sie einen blaugebundenen Fortsetzungsroman: Die MEW. Haupthandlungsstrang war die urrheinische Idee, daß man irgendwie möglichst alles in großen Gruppen macht, kollektiv sozusagen. Auch die kräftige Missionstätigkeit läßt sich auf rheinisch-katholische Einflüsse zurückführen. Ebenso die Knochenverehrung der kommunistischen Internationale in Peking und Moskau und die Ausprägung einer heiligen Dreifaltigkeit MarxEngelsLenin. Während der Amtszeit von Marx als Chefredakteur der *Rheinischen Zeitung* wurde Köln wenigstens für kurze Zeit zum Zentrum der Weltrevolution. Agent Kolping (Deckname: Schwarze Hand) versuchte bald darauf, das Proletariat zu spalten, erreichte aber nur Handwerker und rief in Köln die Kolping-Familie als katholische Gegenbewegung aus. Agent August Bebel aus Köln-Deutz (Deckname: Rote Socke) begann zur selben Zeit mit der Verbürgerlichung des Proletariats und erfand den Arbeiterbildungsverein. Später gründet er die Sozialistische Partei Deutschlands, kurz SPD, um diesen Prozeß für alle Zeiten zu sichern. Trotz aller Ereignisse im Rheinland bleibt Berlin weiterhin offizielle Hauptstadt.

Moderne Agenten

Agent Otto (Deckname: Ozonkiller) erfindet in Deutz den gleichnamigen Motor; den Ertrag fahren die Schwaben um Daimler ein. Agent Röntgen aus Remscheid (Deckname: Clark Kent) entdeckt den endgültigen Durchblick. Daraufhin gibt die Projektgruppe »Rheinische Weltmacht« ihre geheimen Ambitionen auf, das Rheinland zum Hotspot der Weltgeschichte zu machen. Geschlossen und freiwillig tritt man 1949 in die provinzielle Abgeschiedenheit der rheinischen Republik ein. Seitdem landen die UFOs in Amerika, und New York wird Sitz der Vereinten Nationen.

Rheinische Institutionen

Der Rhein

Ohne Rhein kein Rheinland, das leuchtet ein. Der schmuddelig-graue Strom stärkt die natürliche Veranlagung der Anrheiner zum positiven Denken. Selbst Fische werden wieder ausgesetzt. Im Unterbewußtsein der Rheinländer ist der Rhein vor allem als Liedgut ständig präsent. Die Lieder wiederholen wie beim altertümlichen Rosenkranzgebet, heute lieber Mantra genannt, Formeln positiven Denkens: »Ich hab den Vater Rhein in seinem Bett gesehn, er war so wunderschön, er war so wunderschön.« Diesen Psychotrick hat sich die Politik der rheinischen Republik zu eigen gemacht: »Die Arbeitslosenzahlen werden halbiert.« Oder: »Die Renten sind sicher.«

Der Dom

Der Kölner Dom, kurz »dä Dom«, ist das steingewordene Symbol rheinischer Philosophie. Seine Bestimmung liegt im Nie-vollendet-Sein, liegt darin, die Rheinländer ständig daran zu erinnern, daß dereinst, wenn alles fertig und perfekt ist, die Welt augenblicklich untergeht. Die

Rheinländer bemühen sich durch ihre lässige Haltung, dies mit allen Kräften zu verhindern.

1248 fing man im Rheinland guten Mutes mit dem Dom an, doch kam man die nächsten paar hundert Jahre einfach nicht dazu, den Dombau wenigstens halbwegs zu beenden. Chor, Teildach und ein Stück Turm waren fertig, man konnte im Trockenen die Messe feiern, das reichte fürs erste. Ein rheinisches Ruhepäuschen war total angesagt. Das dauerte bis ins 19. Jahrhundert. Die Preußeninvasion brachte neuen Schwung in die Dombauhütte, und die Rheinländer wußten, das kann nicht gutgehen: Es schien, als sei der Dom vollendet. Man wartete bereits auf das Ende der Welt. Doch die klugen Köpfe der Dombauhütte hatten den Dom aus Sandstein gebaut, so daß bereits während der Fertigstellung mit der Renovierung begonnen werden mußte. Seitdem werden am äußerlich scheinbar kompletten Dom ständig Steine ausgetauscht, Fassaden gereinigt, Wasserspeier neu eingebaut, und der Weltuntergang kann warten. Und so dient der Dom auch heute noch den Rheinländern als ständige Mahnung, stets an sich zu arbeiten, da sie bei aller bereits erreichten Vollkommenheit doch niemals vollendet sein werden. Demütig nimmt man im Rheinland die Botschaft an und gedenkt ihrer vorbildlich in den Arbeitspäuschen. Auch die UNESCO hat inzwischen den Beitrag des Doms zum internationalen Katastrophenschutz inklusive Planetenrettung anerkannt und das Bollwerk des Glaubens zum Weltkulturerbe erklärt.

Der WDR

Nicht weit vom Dom liegt der heutige Sitz der Weltrevolution im Rheinland: der WDR. Zwischen Wallrafplatz und Appellhofplatz gehen die Mitarbeiter des größten ARD-Senders ihrer Haupttätigkeit nach: der Beförderung kritischen Bewußtseins sowie der Anleitung zu zivilem Ungehorsam. In manchen Kreisen wird der Sender auch als Rotfunk verdächtigt. Der Bayerische Rundfunk beschäftigt Sonderbeauftragte zur Sofortabschaltung wie Sofortbeklagung der lästerlichen Sendungen aus dem Rheinland. Ebenso predigtstark und missionarisch veranlagt wie die benachbarte Kirche kämpft der WDR mit *Monitor* seit Erfindung des investigativen Journalismus gegen das Böse. Den modernen St. Georg mimte zeitweise Friedrich Küppersbusch. Mit *Zack* verblüffte er selbst die Rheinländer als Schnellsprecher und Vielredner. Der Sinn der Rede verblaßte unter seiner Zungenfertigkeit, doch der Geräuschteppich war supergeil und der Bildteppich echt flott. Dann wechselte der Rächer der Erbenden zum *Privatfernsehen* und landete Bruch. Ein Ex-Kollege vom WDR, ebenfalls Wortdrechsler und Quatschkönig, hatte beim Privatfernsehen mehr Glück: Harald Schmidt avancierte trotz Werbeunterbrechung (oder gerade deswegen) zum Intellektuellenliebling. Seinen Ruhm als innovatives Programmunternehmen sicherte der WDR schon früh mit einem typisch rheinischen Format: sitzen, reden, trinken. Als *Internationaler Frühschoppen* mit Werner Höfer wurde die fröhliche Quasselrunde der Hausfrau zwischen das Sonntagsessen gesendet. Selbstverständlich ist beim rheinischen WDR die Plauderkompetenz der Nation beheimatet: Talkmaster

Alfred Biolek präsentiert attraktive Herrengarderobe und hat aus Prinzip ein großes Herz. Talken ist zwar abendfüllend, doch vom Reden allein kann der Mensch nicht leben. Deshalb läßt Alfredissimo Biolek sich beim Kochen in seiner Küche filmen. Als Beilage werden mehr oder minder bekannte Menschen gereicht. Auch Margarethe Schreinemakers, die Meisterin im 100-Meter-Hürdenweinen ohne Netz mit doppeltem Boden, ist eine WDR-Pflanze. Nach ihrer öffentlich-rechtlichen Lehre wechselte auch sie ins Privatfach, um endlich unbeschwert loslegen zu können. Befreit vom bierernsten WDR-Ballast wagte sie sich an Themen, die selbst die *Bild Zeitung* nicht aufzugreifen wagte. Bis ihr das kleine Land Belgien zu Kopf stieg. Trotz all dieser begnadeten Entertainer will es mit der Sparte Unterhaltung im WDR nicht so recht klappen. Das wundert die Rheinländer, doch die Erklärung liegt nahe: Schuld ist der hohe Westfalenanteil im WDR. Früher, als die Westfalen im WDR noch nicht so mächtig waren, standen der Legende nach die Kölschfässer direkt auf den Fluren, und selbst die Flops waren einen fröhlichen Lacher wert. Heute quält man sich auch im WDR durch Quotenkonferenzen und ist auf dem besten Weg, die Besserwisserei links liegenzulassen. Doch die Ordensburg des Missionswerks Rheinische Wahrheit hat schon vielen Zeitgeiststürmen widerstanden, und der Klüngel hat noch jede WDR-Programmreform erlöst. Denn eines verliert der WDR nie: seinen Anspruch.

Die Altstadt

Wie es nur einen Dom im bekannten Universum gibt, gibt es nur eine Altstadt. Die angeblich längste Theke der Welt befindet sich in Düsseldorf. In der Altstadt trinkt man Altbier, weil es nichts anderes gibt, und ißt lauwarme, schlabbrige Pizza von Papptellern. Scharenweise fallen an den Wochenenden Belgier, Holländer, Westfalen, Sauerländer, Kölner und andere Provinzler ein, um etwas zu erleben. Da grenzt der Frohsinn dann direkt an den Wahnsinn.

Der Karneval an sich

Nichts nehmen die Rheinländer so ernst wie den Karneval. Organisierter Frohsinn ist harte Arbeit. Stellvertretend für die ganze Nation das Lachen nicht zu verlernen bedeutet eine Ehre, aber auch eine Belastung für jeden einzelnen der mit der Zubereitung der guten Laune betrauten Rheinländer. Außerdem fördert der Karneval den Tourismus; längst hat das Dreigestirn die Heiligen Drei Könige als Pilgerattraktion und Devisenbeschaffer Nummer eins abgelöst.

Die Fünfte Jahreszeit hebt mit einer sakralen Handlung gegen Ende des alten Jahres an: Am 11. 11. pünktlich um 11 Uhr 11 wird den Narren aller Länder offiziell die Erlaubnis erteilt, sich zu vereinigen und jeck zu sein. Rheinische Amüsierprofis stehen im Novembernieselregen absolut lustig verkleidet herum und schunkeln sich ein. Der eine oder andere Witz wird getestet und übungshalber wird schon mal gelacht. Die Proklamation der neuen

Saison wird vom Fernsehen übertragen und in den Nachrichten bekanntgegeben. Die anderen deutschen Stämme sind jetzt gewarnt: Im Rheinland sind die Jecken los, bleibt weg, oder bringt eure Pappnasen mit.

Allmählich macht sich nun ein Kribbeln im rheinischen Gemüt oder sonstwo bemerkbar, das sich kontinuierlich und gewaltig bis zum Veilchendienstag 24.00 Uhr steigert. Gebändigt wird dieses Kribbeln erst am darauffolgenden Aschermittwoch von der Kirche, die dem gläubigen Karnevalisten ein Aschenkreuz auf die Stirn zeichnet. Mit diesem magischen Symbol bestrichen – das ähnlich wie eine rote Ampel wirkt –, vermögen die Rheinländer sich zu bremsen. Ohne diese Zauberhandlung würden sie nicht mehr zur Besinnung kommen, komplett durchfeiern und irgendwann Jahre später ausgelaugt zu Boden sinken.

Die Hochsaison der karnevalistischen Betätigung ist jene Frohsinnskernarbeitszeit zwischen Weiberfastnacht 11 Uhr 11 und Aschermittwoch nach Messe und Verbrennung der karnevalistischen Jahresendfiguren, den Nubbeln.

Zwischen diesen Fixpunkten wird im Rheinland überhaupt nicht mehr gearbeitet. Zwar versammeln sich die Menschen gelegentlich an ihren Arbeitsstätten, doch nur um zu trinken, zu schunkeln, zu bützen und den Frohsinn gemeinschaftlich zu pflegen. Ab 11 Uhr 11 regieren offiziell die Narren. Nicht nur in Bonn. Die rheinische Vergnügungssucht bricht sich hemmungslos ihre Bahn; das sind die Hormone, die Gene, die Vorsehung, Karma, Schicksal, das liegt im Blut – da können die Rheinländer nichts machen.

Analog zur fliegenden Hitze wird bei dieser fiebrigen Erkrankung des rheinischen Organismus von den tollen Tagen gesprochen. Sonntag, Montag, Dienstag bewegen sich organisierte Umzüge durch die rheinischen Gemeinden und versorgen den Landstrich flächendeckend mit Klebemasse.

Seit 1341 ist der rheinische Karneval notorisch. Bis ihn das organisierte Brauchtum 1823 übernahm, war er dreckig, ordinär, exzessiv, zügellos, anstößig, mit zwei Worten: »rischtisch läcker«. Mit Grausen erlebte 1802 der pingelige preußische Hofrat Klebe das abgeschmackte Cöllner Volk: »Auf keinem einzigen der vielen Maskenbälle sah ich eine schöne Maske, eine veredelte Gestalt – man sieht hier nichts als Fuhrleute mit schmutzigen Kitteln, mit verzerrten Larven und lang herunterhängenden Haaren von Werg oder Flachs, Bauern in schmutziger plumper Tracht, häßliche Nonnen, schmierige Caminfeger und altväterlich gekleidete Weiber.« Unter der standesgemäßen Leitung des eigens eingesetzten Festkomitees wurde das anders: Der organisierte Jeck bekam 1827 auf preußische Initiative hin die Narreneinheitskappe verpaßt.

Die ewige Verbindung von Lust und Tod im Aschenkreuz erinnert die Rheinländer hauptsächlich an die kommende Saison. Die Vorbereitungen für das nächste Mal gehen direkt wieder los: Wagen entwerfen, abrechnen, Vereinsmeiern, Prinzen finden, klüngeln, Motto suchen, Kostüme ausbessern, Ehen kitten, Humor runderneuern, Spätfolgen abschätzen und so weiter. Damit ist die Fünfte Jahreszeit im Rheinland glücklich aufs ganze Jahr ausgedehnt.

Die Sitzung an sich

Der organisierte Karneval gelangt hinter verschlossenen Türen zur vollen Entfaltung. Hohe Eintrittspreise garantieren hohen Humorumsatz. Den müssen Büttenredner und Publikum gemeinsam ausbaden. Sanft vor lauter Gemütlichkeit hindämmernde Rheinländer werden mittels eines »Tätä – tätä« gnadenlos geweckt. Um den Alkoholkonsum zu steigern, wird ab und zu rhythmische Gymnastik betrieben, das sogenannte Schunkeln. Dazu animieren Live-Bands. Die begehrtesten, wie etwa die *Bläck Föös*, die *Höhner* oder die *Paveier*, hetzen von Auftritt zu Auftritt, um ihren aktuellen Karnevalshit unters Volk zu bringen. Damit möglichst viele Rheinländer in den Genuß von Sitzungen kommen, beginnt man sofort nach dem Weihnachtsfest mit den frohsinnigen Vollversammlungen.

Die Vorsitzenden an sich

Elf Freunde müßt ihr sein. Nicht nur die Vereine der Fußball-Bundesliga, auch die rheinischen Karnevalisten beherzigen dieses Motto. Hoch über den anderen Jecken thront der Elferrat auf seinem Podest: elf Männer, die streng darüber wachen, daß kein Narr aus der Reihe tanzt. Die gestandene Männerriege wurde jahrelang durch die Höhen und Tiefen des Karnevals geläutert und darf zur Belohnung den Lachsalven trotzend den Saalkarneval regieren. Die offiziellen Regierungsgeschäfte besorgen die jeweiligen Oberhäupter der Karnevalisten, auch Tollitäten genannt. In Köln sind es drei, die hell über allen anderen leuchten: das Dreigestirn Prinz, Bauer, Jungfrau. Prinz Karneval trägt Strumpfhosen, aufgepuffte Shorts und ziemlich lange Federn auf seiner Prinzenmütze. Keiner der anderen Karnevalisten darf längere Federn haben. Der Bauer kommt quadratisch daher, er repräsentiert die rheinische Agrarmisere. Schließlich die Jungfrau. Sie ist nicht, wie zu vermuten wäre, eine Jungfrau – in der Mimikri dem *halven Hahn* verwandt –, sondern ein gestandener Mann, mit flachsgelben Zöpfen ausgestattet. Deswegen wird er konsequent mit »Ihro Lieblichkeit« angeredet. Dieses Element geht auf die verwirrenden erotisch-römisch-orientalischen Einflüsse zurück, denen sich die Rheinländer nur allzu bereitwillig unterwarfen.

In Düsseldorf herrscht im Karneval ein Pärchen, Prinz und Prinzessin, modisch schick, jugendlich frisch. Die Kölner waren da immer etwas üppiger.

Über allen aber west der DIN-Normierungsausschuß für karnevalistische Fragen, bestehend aus Festkomitee und Brauchtumskommission. In dieser gemeinnützigen Gesellschaft wird der Frohsinn endgültig in genau abgemessene kleine Kästchen gepreßt und auf die einzig und allein seligmachende Formel gebracht: »Wat lustig is, dat bestimme mir.«

Die Alternativen an sich

Hoch die internationale Narrenfreiheit! Der Krampf geht weiter! Spaßvögel aller Länder vereinigt euch! Mitmarschieren, solidarisieren! Schafft ein zwei viele Veedelszöch! High sein, frei sein, immer mit dabeisein! Natürlich konnten die progressiven Kräfte im Rheinland – die Uraltachtundsechziger, die Politfreaks und Landkommunarden, die Müslis und Internationalisten, die Schwulen und Lesben – es nicht lassen, mit dem Karneval anzubandeln. Warum sollte man dieses wunderbare Instrument der Reaktion überlassen? Es galt, das Schunkelproletariat zu gewinnen. Also machte man alles wie die reaktionären Kräfte, nur anders. Zunächst wurde die *Stunksitzung* als Alternative zur Prunksitzung aus der Taufe gehoben. Heimathirsch Jürgen Becker präsidierte mit Irokesenschnitt, *Köbes Underground* spielte auf zur Humba-Party. Die alternativen Jecken ließen den wahren Rheinländer raushängen. Dann grassierte wie in jeder anständigen kommunitaristischen Bewegung der Spaltpilz: Fortan verkündete auch die *Schnieke Prunz Sitzung* oder die *Rosa Sitzung* die reine Leere.

Zunächst wollte der DIN-Ausschuß für die wahre Leere im Brauchtum den Radikalenerlaß bemühen, doch dann erinnerte man sich listig an die uralte rheinische Strategie: besiegen durch Umarmen. Die Dissidenten des Frohsinns wurden kurzerhand eingemeindet. Jürgen Beckers Irokesenperücke wanderte ins Stadtmuseum. Die Rheinländer können sich einfach nicht böse sein.

Die Militanten an sich

Rheinische Truppen ziehen nicht in den Krieg, sie ziehen in den Karneval. Ob Rote Funken oder Blaue Funken, den einstigen Stadtsoldaten gelang das Strümpfestopfen allemal besser als die Parade. Ihre mordlüsternen Feinde besiegten sie mit einer Geheimwaffe, den Funkenmariechen. Im Sichtweite der feindlichen Truppen hoben sie ein kurzberocktes Mädchen hoch und zeigten den ebenso verblüfften wie augenblicklich interessierten und für den Sensenmann verlorenen feindlichen Soldaten das rüschenbesetzte Höschen der Dame. Der Krieg war gelaufen.

Die rheinischen Funken sind die Idealbesetzung für jede UN-Friedensmission. Leider schweigt die Hardthöhe hartnäckig zu diesem Vorschlag. Vermutlich paßt es den Herren in Feldgrau nicht, daß die rheinischen Truppen bereits Frauen ins Heer integrierten, als das Thema noch nicht Mode war.

Militante, die mit der Zeit gehen, besinnen sich auf die neandertalerischen, auf die Sippen- und Stammesursprünge. Sie treten in Horden auf: Hunnen-Horde, Wikinger-Horde, Hell- Angels-Horde, etc. Und liegen damit voll im Trend, der von rechts außen bis zur linken Mitte reicht.

Rheinische Kultur

Das schlechte Gewissen

Der vorletzte Bürger, der einen der vakanten rheinischen Heiligenposten besetzen konnte, hörte auf den Namen Heinrich Böll. Seinen Berufswunsch Clown hatte er nicht realisieren können, also wurde er Hofnarr – so lautete die offizielle Bezeichnung für Künstler aller Art in der rheinischen Republik e.V. des Konrad Adenauer. In seinem Amt paßte er darauf auf, daß im Narrenspiegel, den er Politikern und Bürgern nur allzugerne vorhielt, nichts als die reine Wahrheit zu sehen war. Die meisten schauten weg. Der gute Mann aus Köln wurde für sein hochartistisches Narrentum mit dem Literaturnobelpreis belohnt, was einer Seligsprechung zu Lebzeiten entspricht. Als die Rheinländer sicher waren, daß Heinrich Böll endgültig keinen Schaden mehr anrichten konnte (nach seinem Tod), nahm ihn nach aller Welt auch die Heimat großzügig in den Kreis der Erlauchten und Schutzheiligen auf. Nun steht Heinrich Böll auf einem Sockel und ist als Schutzpatron für die Aufrechterhaltung des schlechten Gewissens zuständig. Man schaut, bevor man zur Beichte geht, zu ihm hinauf, macht drei Kreuze und schleicht vorbei. Konrad Adenauer, der Monarch auf Zeit, den Böll besonders gern ärgerte, befand: » Dä Böll, dä kann einem aber auch alles madig machen!«

Imagefaktor No 1

Früher setzten sich rheinische Musiker so schnell sie konnten aus der Tiefebene ab. Heute bleiben sie da.

Besonders stolz ist man im Rheinland darauf, daß Ludwig van Beethoven (der Mann, den sie Holländer nannten) in Bonn-City geboren wurde. Sobald er richtig laufen konnte, war er allerdings auch schon weg. Klein-Beethoven lernte gerade noch ein Instrument, das er kurz im kurfürstlichen Orchester zu Brühl ausprobierte. Damit war die rheinische Phase in Beethovens Leben auch schon beendet.

Das hindert das offizielle rheinische Kulturschaffen samt der angeschlossenen Fremdenverkehrsverbände nicht daran, den Olympier der Tonkunst für sich zu reklamieren. Der Wirtschaftsfaktor Beethoven ist für die Stadt Bonn von Bedeutung und soll nach Abzug der Bundesregierung noch ausgebaut werden. Ein architektonisches Unglück namens Beethovenhalle und eine Bronzestatue auf einem zugigen innerstädtischen Platz zwischen Kaufhäusern und Geldinstituten postiert, kündet von der Liebe der Stadt zu ihrem großen Sohn. Heute schon werden Busladungen von Ausländern zur ersten Wohnstätte gekarrt. Hier finden die vielen schönen Tassen mit Beethovens Porträt, die Halstücher, Aschenbecher und Wimpel wie anderer regionaltypischer Nippes glückliche japanische Abnehmer.

Die leichte Muse
Der Komponist mit dem französisch-hessischen Namen Jacques Offenbach stammt direkt von der schääl Sick aus Köln-Deutz. Im Schatten der Domtürme verbrachte er seine Jugendjahre, von allen nur Köbesje gerufen. Das reichte, um ihn nach Paris zu treiben, wo er aus lauter Rache die Operette erfand.

Doch ohne den rheinischen Nährboden wäre die Weiterentwicklung der leichten Muse nicht möglich gewesen. Parodistenkniffe und Wortwitz, Unterhaltungsdramaturgie und Eventgestaltung, all das lernte Offenbach bereits im rheinischen Umfeld. Mit der *Großherzogin von Gerolstein* setzte der Wahlpariser einem zukünftigen Eifeler Sprudelimperium ein elegantes Tondenkmal, das in dessen Produktionsstätten aber noch nicht aufgeführt wurde.

Der späte Nachfahre der leichten Muse, das Musical, hingegen hat es im Rheinland schwer. Ein Impresario und Theaterleiter aus Aachen will die Region unbedingt mit Erster-Klasse-Musical-Events versorgen, scheitert aber regelmäßig an Stoff, musikalischer Umsetzung, Regie, Darstellern und Bühnenbild. Sein erstes Projekt zielte auf bajuwarisches Volkstheater und nannte sich *Gaudi*, spielte aber in Barcelona. Die Kölner Stadtväter holten das Werk, das es im Grenzland zwischen Braunkohlekraftwerken, Käsefeldern und belgischen Eichenmöbeln auf Besucherzahlen gebracht hatte, in ein abrißreifes Hallenkonstrukt neben dem Hauptbahnhof. Das rheinische Musenvolk aber zeigte Kunstverstand und boykottierte das Gesamtkunstwerk. Ein weiterer Musicalversuch des Stella-Verschnitts wurde bereits im rheinischen Grenzland eingestampft. Die Bauern bleiben lieber zu Hause oder fahren direkt zu den *Miserablen* ins Ruhrgebiet; da weiß man, was man hat. Und in der ultramodernen Kölnarena kann man wenigstens Eishockey spielen, wenn der Kultur die Luft ausgeht.

Die laute Muse

Elektropop made in Rheinland führte die deutsche elektronische Musik in den Siebzigern zu Weltruhm.

Kraftwerk aus Düsseldorf komponierte die erste Hymne für die mobile Gesellschaft. Inspiriert von der beglückenden Vielzahl der Kraftfahrstraßen mit ihrem Kulminationspunkt rund ums Leverkusener Kreuz, ersannen die Kraftwerker den Hit: »Wir fahrn fahrn fahrn auf der Autobahn.« In sehr sehr sehr knappen Lyrics brachten sie das Lebensgefühl einer Republik auf der Flucht vor sich selbst hundertpro auf den Punkt.

Can, die Kölner Avantgardepoptruppe an sich steuerte die Titelmelodie zu einem progressiven Durbridge-TV-Krimi bei und öffnete so die rheinischen Ohren dem Elektrosound. Das Aushängeschild aller rheinischen Freaks löste sich bald auf und hinterließ ihren Anhängern so apokryphe musikalische Warnungen wie »Heh you – you're loosing your Vitamin C«.

Die Düsseldorfer Punk-Band *Die Toten Hosen* nimmt den Karneval light. 1997 zog die Truppe um ihren nach einem Fruchtbonbon benannten Leadsänger Campino mit einem eigenen Wagen im Festzug mit. Was die alternativen Kölner Freak-Karnevalisten schon längst geschafft hatten, schaffte in Düsseldorf erst der Punk-Kommerz: Öffnung der geschlossenen Karnevalsgesellschaft für real existierende moderne Zeiten.

Der rheinische Dialekt als Ausdruck echt wahrer, echt authentischer, echt geiler Gefühle wurde bundesweit durch die Kölner Rock-Band *BAP* populär. Ein *Liebesleed* kommt eben ganz anders rüber als das hochdeutsche Schlagergesülze, und die Liebeserklärung *Do kanns zaubere* ist anmachmäßig ebenso wirksam wie die dürftige Hauptzeile englischsprachiger Lovesongs: »I love you.« Ansonsten stand die Band mit ihrem Vorsänger und Lieddichter Wolfgang Niedecken (dä rheinische Dyllen) in der Tradition des Protestsängers Heinrich Böll. Stets an der richtigen Stelle engagiert, war die Band auf allen opulenten deutschen Megaprotestkonzerten der späten Siebziger/frühen Achtziger präsent oder rief sie ins Kölner Leben.

Die heilige Familie

Die richtig echten wirklichen Megastars der wirklich echt populären Musik, die wie einst Heintje Alt und Jung vereinen, restlos glücklich machen und zu einer Art innerem Weihnachten führen, lebten sorglos und von der Polizei gut beschützt auf einem bescheidenen Hausboot im Kölner Industriehafen. Das viele Geld lag sicher auf einem Schweizer Nummernkonto, bis die Kelly Family sich entschloß, ein Abschreibungsobjekt zu erstehen. Dreizehn Millionen wurden aus der Portokasse für die alte Bundesbesucherherberge Schloß Gymnich berappt. Jetzt sind die Schloßgeister verwirrt, da sie die neuen Besitzer in ihren drolligen Second-Hand-Klamotten für ausländische Kollegen halten.

Nach langer Fahrt durch die halbe Welt gelangte das musikalische Großimperium Kelly Family ins Rheinland. Ein Dollarzeichen leuchtete am Himmel über dem Dom, und Vater Kelly wußte: Hier sollst du bleiben, hier im heiligen Köln schaut dich niemand wegen deiner Klamotten komisch an. Die rheinischen Tourismusverbände bereiten inzwischen die wirklich allerletzte Heiligsprechung sowie die Einbalsamierung des Kelly-Hausbootes vor.

Dada

Realismus hat im Rheinland keine Tradition. Phantastik, Expressives, Happening: diese Stilrichtungen sind genuin rheinisch. Sie werden unter dem Oberbegriff Dada zusammengefaßt, der beliebig auf alle Emanationen rheinischen Geistes anwendbar ist.

Den Sinn im Unsinn oder den Unsinn im Sinn oder den Unsinn im Unsinn hatte Max Ernst aus der Kleinstadt Brühl bei Köln daselbst tagtäglich vor Augen. »Dada«, sagte er, und Dada-Max nannte man ihn. Lustige Reime auf seinen Bildern entfremdeten ihn seinen Brühlern. »Der Elefant auf Celebes, der hat am Rüssel etwas Gelebes«, notierte Max Ernst auf einer Art Elefantenstaubsaugerporträt. Schließlich hielt er es im Rheinland nicht mehr aus und begab sich wie Jacques Offenbach nach Paris. In genauer Erinnerung an seine rheinische Heimat wie auch an ihren Katholizismus beteiligte er sich dort feder- wie pinselführend an der Erfindung des Surrealismus. Nachdem er weltberühmt wurde, konnte seine Geburtsstadt nicht umhin, ihn zum Ehrenbürger zu machen.

Der wie Heinrich Böll nach seinem Tod zum Heiligen erklärte Joseph Beuys wird von seinen Landsleuten wenig verehrt. Als Nothelfer ohne Portefeuille kommt er allenfalls für den Bereich Filz, Fett, Honig in Frage. Aber was soll da schon passieren?

Die von Beuys zur Kunst erhobene Verlaufsform, das Happening, ist ein durchaus rheinisches Etwas. Die Zusammenkunft Gleichgesinnter zur Beobachtung und Diskussion von zu ewigem Wahrheitswert gelifteten Alltäglichkeiten hat im Rheinland Tradition. Ob in Kneipe oder Küche, ein Happening ist im Rheinland schnell vom Zaun gebrochen. Doch die Veranstaltungen des Joseph Beuys waren den Rheinländern irgendwie zu »drüsch«. In New York ließ sich der Entertainer vierundzwanzig Stunden lang mit einem Coyoten einschließen. In Frankfurt stand Joseph Beuys mit einem Pferd auf der Bühne, und aus Protest gegen den Kulturbürokratiefilz in Düsseldorf paddelten ihn seine Jünger im Einbaum über den Rhein. »Un dat soll Kunst sin?« wunderte sich der durch Marienbilder mittelalterlicher rheinischer Meister sozialisierte Kunstfreak in seinem Fernsehsessel.

Dabei hätten die wundersamen Aktionen den Karneval erneuern können. Doch die Fronten zwischen Progressiv und Plakativ waren in den Siebzigern noch zu verhärtet.

Das eigentliche Problem in der Sache Beuys gegen Rheinland lag wohl darin, daß die rheinische Melancholie bei Beuys nach dessen Weltkriegs-Flugzeugabsturz über der kirgisischen Steppe ihren notwendigen Gegenpol Dada verlor. Dem Künstler war der rheinische Sonderweg in den Surrealismus verwehrt, und er konzentrierte sich ganz aufs Wesentliche. Dafür aber ist im Rheinland immer noch die Kirche zuständig. Oder de Mam.

Bewegte Bilder

Rheinland ist Filmland! Also spendet die Filmstiftung in Düsseldorf alljährlich viel Geld, um Filmschaffende aller Länder zu einem Tagesdreh in die Tiefebene zu locken. Hollywood am Rhein, Stars noch größer als Heiner Lauterbach, Hera Lind oder Veronica Ferres, was könnte das Filmleben schön sein. Bislang ist vom Filmwunder noch nichts in Sicht, doch der rheinische Filmgläubige weiß: Ist die Kohle erst da, kommt das Wunder von selbst. *Knockin' on Heavens Door* hieß darum das erste Roadmovie (Straßenfeger), das sich über die Grenzen des rheinischen Plattlandes nicht hinausbewegte.

Bewegte Bilder bietet den Rheinländern neben dem tagtäglichen eigenen Beziehungswirrwarr selbstverständlich auch das Theater. Das spielt in seiner progressiven Form entweder in der umgemodelten, irrsinnig authentischen Fabrikhalle (Beuel, Kalk ...) oder enthält sich der Worte im Wuppertaler Tanztheater. Das kapierten die Rheinländer zuerst nicht: Beziehungswirrwar ohne Sprechen? Pina Bausch mußte auswärts berühmt werden, um neben dem Dom bestehen zu können.

Kulturdepots

»Ich kann ja nix wegwerfen, nä«, dieser Ausspruch der rheinischen Heimwerker im Verein mit »Mer kann alles ens bruche« macht deutlich, daß die Idee des Museums als großer Schublade für Sachen, mit denen keiner mehr was anzufangen weiß, rheinischen Zuspruch findet.

Allen voran das Römisch-Germanische Museum hebt den Kram der Altvorderen auf. Seinem Sammlungsansatz folgt das Bonner Haus der Geschichte, mit dem sich die rheinische Republik e.V. samt ihrem längstregierenden Kanzler ein Denkmal setzte. Getreu dem rheinischen Motto »Tue Gutes und rede darüber« bewahrt man dort die diversen Mäntel der Geschichte auf. Der große Geist der freiheitlich-demokratischen Grundordnung manifestiert sich in der heiligen Halle: Dienstmercedes von Adenauer, alte Stühle aus dem alten Plenarsaal, zerrissene Protestbanner der Achtundsechziger, ein Stückchen Mauerrest und so weiter. Die Waage des einstigen Kanzlermonarchen, auf der der alljährliche Gewichtsverlust beim Fasten am Wolfgangsee gemessen wurde, und das direkt damit verbundene Konjunkturbarometer sind dem Museum bereits avisiert. Ebenso die ausgelatschten Turnschuhe des grünen Außenministers.

Ein Bürger hatte es sich in der Neuzeit zur Aufgabe gemacht, das Rheinland in eine blühende Museumslandschaft zu verwandeln: der Aachener Schokoladenfabrikant Peter Ludwig. Gemeinsam mit seiner Frau häufte er Kunst aus aller Herren Länder an, bis zu Hause kein Platz mehr war. So beschloß er gönnerhaft, sich den römischen Sponsor Mäcenas als Vorbild zu nehmen und seine Schätze als Leihschenkungen an diverse rheinische Städte zu vergeben. Die mußten ihm nur einen repräsentativen Bau dafür hinstellen. Museum Ludwig heißt naturgemäß sein Kölner Denkmal. Dann leihschenkte der Sammler in Aachen und in Koblenz. Schließlich waren noch Petersburg und Peking an der Reihe, so daß auch das Reich des Bären wie das Reich der Mitte umstandslos in den rheinischen Kulturkreis eingemeindet werden konnten.

Das anziehendste Museum für die rheinischen Schleckermäuler ist das ihnen so ganz aus dem Bauch geschnittene Imhoff-Stollwerck-Museum für die Geschichte und Gegenwart der Schokolade. Besonders die Gegenwart der Schokolade hat es den kalorienbewußten Besuchern angetan. Mit Blick auf den braun und träge dahinfließenden Rhein wird der Verzehr des verlockenden Antidepressivums angekurbelt und anschließend im Café ordentlich der Schokoladentorte gehuldigt.

Berühmte Rheinländerinnen & Rheinländer

Wahrer Ruhm, so wissen die Rheinländer, kommt erst nach dem Tod. Da sie den eigenen Tod nicht schätzen, halten sie auch vom Ruhm nicht sonderlich viel. Zudem ist sich das rheinische Individuum seiner selbst und seines Wertes derart bewußt, ist es so von sich überzeugt und vor allem so mit sich beschäftigt, daß es davon ausgeht, jeder andere Erdenbürger muß es einfach kennen. Man sieht sich ja schließlich dauernd im Fernsehen, und auf Mallorca kennt einen auch jeder. Doch hat die außerrheinische Geschichtsschreibung, die ohne Berühmtheiten nicht vorankommt, ein paar Rheinländerinnen und Rheinländer auf den Sockel der Ewigkeit gehievt.

NeandertalerInnen

Bevor es Menschen gab, gab es Rheinländer. Das frohe rheinische Gelächter schallte bereits aus einer 1-Zimmer-KDB-Wohnhöhle bei Düsseldorf, als die Evolution an den Homo sapiens noch gar nicht dachte. Die Neandertaler, wie sich die Rheinländer damals nannten, waren ziemlich klein, ziemlich behaart und ziemlich laut. In Köln-Ehrenfeld, Düsseldorf-Kaiserswerth und Bonn-Tannenbusch kann man geringe Reste dieser Population noch heute antreffen. Die NRW-Bündnisgrünen wollen sie unter Naturschutz stellen und als Urmütter und Urväter der Fundis zu Ehrenmitgliedern machen. Dabei tendieren die Neandertaler eher zum Sozialpakt. Ihre Renten sollen sicher sein, sie haben schließlich lange genug geklebt. Damals in der Eiszeit wie heute, geschlagen mit einer entgegengesetzten Klimakatastrophe, hockte Mann gern in großer Runde zusammen und verhackstückte die Vor- und Nachteile des Lebens im Jahre 20 000 vor Geburt dessen, der die Zeitrechnung begründen sollte. Frau hingegen verwaltete die Haushaltskasse und verarbeitete in der NPG (Neandertaler Produktionsgemeinschaft) zusammen mit den Damen aus der Nachbarhöhle Mammuthaare zu Mammutpullovern für die kalte Jahreszeit, die einfach nicht aufhören wollte. Reste einer eiszeitlichen Quasselbude wurden am Rhein innerhalb der Stadtgrenzen des heutigen Bonn entdeckt. Auf ihren Fundamenten wurden später ein Wasserwerk und ein Bundestag errichtet.

Jenseits der gleichgeschlechtlichen Zusammenkünfte hockten Neandertaler und Neandertalerin gern aufeinander. Die Familie als solche war von den Soziologen noch nicht erfunden, darum konstituierte sich das rheinische Beisammensein in den kalten Jahren als Horde oder Sippe. Gesellig-gemütliche Abende am Lagerfeuer entwickelten sich zu regelmäßigen rituellen Zusammenkünften. Katholizismus wie Karneval gehen im Rheinland direkt auf die spirituell-kommunikative Grundorientierung der Urahnen zurück und waren in groben Zügen bereits etabliert. Der lange Marsch zum Hauptlagerfeuer etwa ist im heutigen Rheinland als Prozession wiederzufinden. Und auf Felszeichnungen, die das rheinische Landesmuseum in narrensicheren Tresoren wie seinen Augapfel hütet, sind schemenhafte, aber deutliche Abbildungen einer Tribüne zu erkennen, auf der elf Gestalten bekleidet mit spitzen Mützen hinter einem langen Tisch sitzen.

Die Heiligen Drei Könige

Herbst des Jahres eins vor Christus. Irgendwo zwischen Orient und Afrika. Drei Männer, allein unter Fremden. Drei Freunde, vereint auf einer spirituellen Suche. Drei Könige, die ihr Land verließen – und nicht wiederkommen sollten. Drei Menschen, wie es sie nur einmal gab. Drei Paar Füße im heißen Wüstensand. Drei Paar Augen, denen nichts entging.

Nacht, außen. Die Männer schlafen. Am Horizont ein heller Stern. Ein Kamel schreit. Die Männer schlafen. Der Stern verschwindet.

Aufblende, Titel: »Isch möht ze Foos no Kölle jon.« Oder: »Mission Possible«. Ein Roadmovie mit spektakulären Stunts, voller Romantik und Hoffnung – und: dem Baby aus Nazareth.

Caspar, Melchior und Balthasar heißen drei Männer, die sich kurz nach Anbruch der Dunkelheit auf den Weg zum Licht machen. Ihr Ziel: das Rheinland. Ihr Auftrag:

Tourismusförderung. Die Verkehrsanbindung des Rheinlandes an den Rest der Welt ist damals noch nicht so gut wie heute, also haben sie für ihre Reise gleich mehrere Jahrhunderte eingeplant. Am Himmel leuchtet ein heller Stern, dem folgen sie. Am 22. Dezember des Jahres Null treffen sie in Bethlehem, Judäa, ein.

Schnitt. Magisches Science-fiction-Licht. Dreieck mit Auge hoch in Wolken. Riesiger Zeigefinger weist auf Stall. Hirten unten, Engel oben. Soundtrack: Frohlocken.

Die drei heiligen Männer gehen dem Hinweis nach und finden ein junges Ehepaar – er Handwerker, sie Jungfrau – mit einem Kleinkind, in welchem sie ohne weiteres den Heiland und Retter der Welt erkennen. Sie deponieren einen Teil ihrer Handels- und Tauschware bei der Kleinfamilie und machen sich nach einem innigen, dreiminütigen Aufenthalt wieder auf den weiten Weg. Caspar, kurzer Blick auf die Armbanduhr: »Tja, wir müssen.« Die drei verabschieden sich.

Zeitsprung: Jahrhunderte später. Die Könige kommen in Mailand an, noch immer ihr fröhliches Lied aus dem Titel auf den Lippen. Bei all ihrer Gelassenheit werden die Rheinländer, denen die Ankunft der Reisenden seit langer Zeit verkündet war, doch etwas ungeduldig und schicken den Kölner Erzbischof Reinald von Dassel nach Italien, um die inzwischen leider Verstorbenen ein wenig auf Trab zu bringen. Schließlich hat man im Rheinland einen bedenklichen Rückgang der Pilgerzahlen zu beklagen. Die heiligen Knochen werden eingesackt und abtransportiert. Zusammen mit einem ganzen Schwung weiterer Heiligenüberreste werden sie im Rheinland verteilt. Zum Beispiel die des St. Apollinaris, Schutzpatron der Sprudelflaschen, die bei Bad Neuenahr landen.

Nacht, Dom innen. Die heiligen Knochen werden in ein kleines goldenes Haus gelegt. Es ist der Altersruhesitz der drei Reisenden. Reinald, Predigtton: »Die sin fruh, dat se endlich in Kölle sin.«

Abspann: Seitdem schützen die Heiligen Drei Könige Stadt und Rheinland, mehren den Reichtum der Region und ziehen gewaltige Touristenströme an den Rhein. Auftrag erfüllt!

Die Loreley

Kaum ein deutscher Landstrich ohne männermordendes Frauenungeheuer. In Weihern, Bäumen, Quellen, Öfen, immer öfter auch in Fernsehapparaten, hausen sie und verderben den Männern Tag wie Nacht. Doch der femininen Ungeheuer wahre Bestimmung lautet: Tourismusförderung.

Im Rheinland hockt der bekannteste und begehrteste Vamp auf einem Felsen. Seit gut einhundertfünfzig Jahren wird die Loreley für das Verkehrschaos im und am Rhein verantwortlich gemacht. Das romantische Fräuleinwunder sitzt hoch oben am Rheinstrom und kämmt sich singenderweise sein langes blondes Haar. Obenrum ist sie nackt, untenrum hat sie einen Fischschwanz. Sie zu fotografieren ist, wie beim Bewohner des Loch Ness, bisher nicht gelungen. Ihr Lieblingszeitvertreib ist das Schiffeversenken: Mit Schiffen vorbeifahrende Männer schauen naturgemäß interessiert zu der platinblonden

Erscheinung rüber, das Schiff kracht naturgemäß gegen einen Felsen, die Männer ertrinken, ebenfalls naturgemäß. Im 20. Jahrhundert haben sich solche Individual-Katastrophen eher auf die dem Felsen gegenüberliegende Bundesstraße verlagert. Heute fahren die organisierten Anbeter der Loreley mehrheitlich auch nicht mehr mit dem Schiffchen vorbei, sie nutzen in großer Zahl den Reisebus. Derzeit ist nur ein Mann bekannt, der eine Liaison mit der Loreley überlebte: der ebenso tapfere wie polygame Musensohn Heinrich Heine. Der konnte sich zwar einen Reim auf die Begegnung machen, doch deren tieferen Sinn entdeckte er nicht:

»Ich weiß nicht, was soll es bedeuten,
Daß ich so traurig bin;
Ein Märchen aus alten Zeiten,
Das kommt mir nicht aus dem Sinn.«

Der Rummel um ihre Person hat die im tiefen Grunde ihres Herzens eher schüchterne Nixe dermaßen verschreckt, daß sie seit Asphaltierung der Zentralparkplätze vor ihrem Aufenthaltsort nicht mehr auf dem Felsen hockt. Ihr süßes Lied spielt nun ein kleiner Automat gegen Münzeinwurf hoch auf einem Felsen über dem Rhein ab.

Siegfried, ein Nibelunge aus Leidenschaft

Der rheinische Mann benötigte für sein schrumpfendes Selbstbewußtsein dringend einen Gegenpart zum Alptraum Loreley. Siegfried, ein echtblondes Muskelpaket, zugleich Schutzpatron der Zehnkämpfer und Triathleten, wurde auserkoren, die rheinische Männerwelt zu vertreten. Die Heldentat, die ihm die Position sicherte, vollbrachte bereits Jung-Siegfried. Auf dem Drachenfels oberhalb der Tourismushochburg Königswinter hauste in einer Höhle ein schrecklicher Drache. Dieser verspeiste mit Vorliebe rheinische Jungfrauen, ohne sich jedoch an die Loreley heranzuwagen. Jungfrauen wurden ihm von der verängstigten rheinischen Bevölkerung bereitwillig zur Verfügung gestellt, die Offerte von Junggesellen schlug der Drache aus. Recke Siegfried bekam Wind von der Sache, überlegte sich's zweimal, ermannte sich, tötete den Drachen, stolperte blöd und fiel kopfüber ins Drachenblut. Das Blutbad diente im wesentlichen der Tourismusförderung. Heute noch überläuft die Besucher ein Schauder, wenn sie einen Blick in die schaurige Drachenhöhle wagen, und ein zweiter, wenn sie eine Blick auf Preise und Angebot der Speisenkarte des Restaurant Drachenfels werfen. Nach diesem frühreifen Megacoup konnte es mit dem Helden nur bergab gehen. Der naive Jüngling verfing sich in den Fallstricken rheinischer Familienstreitigkeiten, in den Untiefen von Klüngel, Neid und Mißgunst. Er war eben kein Politiker, sondern nur ein einfacher Haudrauf. Gezwungenermaßen (!) machte er mit der Frau seines Königs rum, protzte doof mit seiner Kraft und veruntreute das Rheingold. Das wurde ihm im merkantil gesinnten Rheinland zum Verhängnis. Onkel Hagen meuchelte ihn geradewegs durchs Lindenblatt hindurch. Die Bühnenrechte an der coolen Story sicherte sich ein Herr Wagner.

Die Heinzelmännchen zu Köln

Vor dem Zustrom der in den Sechzigern so genannten Gastarbeiter ins Rheinland existierte dort lange lange Zeit eine besondere Kategorie freiwilliger Helfer: die Heinzelmännchen. Diese ehrenamtlich tätigen, kleinwüchsigen Menschen vollbrachten Nacht für Nacht wahre Wunder an leider notwendiger Tätigkeit. Die Hilfstruppe trug, wie es sich im Rheinland gehört, lustige Kostüme, dazu Zipfelmützen als Erkennungszeichen. Keine Rheinländerin, kein Rheinländer brauchte auch nur einen Finger krumm zu machen. Sicher ist die Jahrtausende währende Anwesenheit der bärtigen Männlein der wirkliche Grund für die in Arbeitsfragen ziemlich relaxte rheinische Art. Der paradiesische Zustand fand im 19. Jahrhundert ein jähes Ende. Wie immer war eine Frau schuld. Sie konnte ihre Neugier nicht beherrschen und wollte unbedingt einen Blick auf die Helferlein werfen, die da so eifrig schufteten. Kaum sahen die winzigen Männlein die breithüftige, ausladende, stattliche Handwerkersgattin, wie sie in ihrem rosa Négligé vor ihnen stand, erschraken sie aufs höchste und verschwanden auf Nimmerwiedersehen. Seitdem wartet das Rheinland auf die Rückkehr des mobilen Einsatzkommandos und verharrt im Nichtstun. Statuen wurden errichtet, Messen gelesen, die wackeren Männer tagtäglich in die Fürbitte eingeschlossen, damit die Null-Stunden-Woche bei vollem Lohnausgleich endlich wiederkehrt. Doch außer der Ankunft der Haushaltselektrogeräte im 20. Jahrhundert tat sich nichts. Beklagenswerterweise sind Touristen zur freiwilligen Arbeit nicht zu bewegen; ja sie fordern selbst immer heftiger unsichtbare Dienstboten und korrekte Dienstleistung. Hier versagt die rheinische Tourismusförderung.

Tünnes un Schäl

Zwei Seelen wohnen, ach, in ihrer Brust: Die Rheinländer sind geradezu zerrissen von Dialektik. Oben und unten, dick und dünn, auf und ab, sich bedingende Gegensätze en masse. Zu jeder These eine ihr immanente Antithese. Und dann auch noch die Synthese, wobei der Rheinländer an sich schon die permanente Synthese darstellt. Nur will er nicht zum Ausgangspunkt einer neuen Dialektikrunde werden und als neue These das Karussell wieder in Gang setzen. Um diese einigermaßen komplexe Seelenlage stellvertretend in Figuren zu fassen, kreierten die Rheinländer Tünnes und Schäl. Diese zwei leicht verlotterten Herren kämpfen im rheinischen Alltag dafür, daß das WahreGuteSchöne zumindest in Ansätzen noch erkennbar wird und als Lebens-Synthese Bestand hat. Ihr Feind ist die banale Realität, der gemeine Widerstand des normativ Faktischen. Tiefe rheinische Melancholie vereint sich in ihrer Seele mit besinnungslosem Optimismus. Mit ihrem schlechten Image (Säufer, Faulenzer, Phantasten, Abzocker) muß die moderne rheinische Tourismusindustrie fertig werden, denn merkwürdigerweise gelten die beiden außerhalb des Rheinlands als wenig vertrauenswürdig.

Die Rheinländer bei der Arbeit

Die wahre Bestimmung rheinischen Arbeitens ist die Unterbrechung, oder das Päuschen, wie die Rheinländer ihren Schaffensrausch nennen. Das permanent in die Arbeit integrierte Päuschen hat gegenüber der Arbeit ohne Päuschen beziehungsweise dem Päuschen ohne Arbeit drum herum unbestreitbare Vorteile: 1) man macht sich nicht kaputt, 2) man hat was zu gucken, 3) man ist nicht alleine. Das Päuschen ist prinzipiell von unbestimmter Dauer. Seit dem Untergang des Goldenen Zeitalters werden die Rheinländer durch die Jahrhunderte von Durchreisenden als faul und vergnügungssüchtig gebrandmarkt.

Die Rheinländer stört das nicht weiter, denn sie wissen, daß diese Neidhammel auch gern die Beine hochlegen würden. Denn schließlich hat man im Rheinland immer noch alles irgendwie hingekriegt: »Et is noch immer alles joot jejange.« Wahr ist: die Rheinländer sind nicht faul, sie sind bequem.

Fröhliche Geselligkeit ist der Motor real existierenden rheinischen Arbeitens sowie die gerechte Verteilung von Arbeit auf andere bei Aufrechterhaltung der eigenen Vollbeschäftigungsfassade. Das lebenslange Streben der Rheinländer konzentriert sich auf die Rationalisierung von Arbeit, die sie als Funktion von Kraft mal Weg begreifen. Ein rheinisches Optimum wäre der Einsatz von möglichst geringer Kraft bei ganz geringer Wegstrecke kombiniert mit einer minimalistischen Motorik. Ihr Ideal sind bestimmte asiatische Kampfsportarten, auch da nutzt man die Energie der anderen.

Glücklicherweise wissen die bibelfesten Rheinländer hundertprozentig, daß Gott die Arbeit nicht erfunden hat. Sie ist im rheinischen Heilsplan nicht vorgesehen. Die Paradiesvertreibung ignorieren die Rheinländer standhaft. Schließlich hat Gott die Schöpfung mit links vollbracht, irgendeine Arbeitsanstrengung vermerkt die Bibel nicht. Die Kernarbeitszeit beim Schöpfungsakt betrug maximal ein paar Stunden, und am siebten Tag herrschte eiserne Pausenpflicht. Von weiteren Arbeitsprojekten Gottes berichten die Evangelisten nichts, also geht man im Rheinland davon aus, daß die Ruhepause weiter andauert. Denn was Gott recht ist, ist dem Rheinländer nur billig.

Schreibtischarbeit

Im Sitzen läßt sich besser Päuschen machen als im Stehen. Daher bevorzugen die Rheinländer Arbeitsaufenthalte in geschlossenen Räumen, die auf bequemen Schreibtischstühlen (möglichst mit Rollen und Wirbelsäulenstützmulde) ausgeführt werden können. Im benachbarten Ruhrgebiet etwa wird geschuftet (hauptsächlich im Stehen), der Schreibtisch des Ruhrgebietes jedoch steht in Düsseldorf. Da verwundert es kaum, daß der Schreibtisch der alten Bundesrepublik geradewegs nach Bonn verlegt wurde. Magisch von der mediterran angehauchten Arbeitsauffassung der Rheinländer angezogen, siedelte im Rheinland die Bundesregierung mit ihren unzähligen Beamten und Behörden. Ruhezeiten und Ruhebezüge waren die Hauptsache und standen ganz oben auf der Agenda, die gerechte Verteilung von Pausen, Büroschlaf und eine Fülle von Übergangsregelungen mit eingeschlossen. Eine ewig undurchsichtige Aktenlage erleichtert das Verschieben von Arbeit auf immer wieder neu einzurichtende Unterabteilungen, die man gerne mit Freunden und Bekannten besetzt. Trotz der hohen Beamtendichte entlang der Rheinschiene (Bundesregierung–Landesregierung–Stadtverwaltungen) ist es doch erstaunlich, wieviel geschafft wird im Rheinland. Diesem unerklärlichen und übernatürlichen Phänomen ist gerade das Team um FBI-Agent Scully auf der Spur.

Handel

Jenseits der Schreibtischarbeit lockt traditionellerweise der Handel die redseligen Rheinländer. Besonders reizt sie neben dem ausufernden kommunikativen Geschehen die Tatsache, daß sozusagen im Sitzen die ganze Welt in Warenform zu ihnen kommt oder an ihnen vorbeizieht. Der Rheinstrand ist ein entfernter Ableger der Levante, und die Rheinländer stehen ihren orientalischen Vettern im Handel an Gewandtheit und Schlitzohrigkeit in nichts nach. 1802 gründete man in Köln folgerichtig die erste Industrie- und Handelskammer Deutschlands. Erst der Verein, dann die Arbeit, lautet das Gründungsmotto der nach Klüngelproporz ausgerichteten Institution. Außerdem ließ sich die Karnevalsdreifaltigkeit über die Kammer leichter rekrutieren: Man besaß den Überblick, wer überhaupt Geld hatte, um sich den teuren Spaß leisten zu können.

Beziehungsarbeit

Schließlich und endlich sind die Rheinländer Spezialisten auf einem Gebiet, das schwersten Einsatz und permanente Geistesgewandtheit erfordert: auf dem der Beziehungsarbeit inklusive Kontaktpflege. Voller Commitment, wie man ihre Hingabe heute in BWL-Kursen nennt, machen sie sich an andere Menschen ran. Die deutsche Dienstleistungsbranche wäre froh, könnte sie bei entscheidenden Globalisierungsschlachten Rheinländer-Clone in Schlüsselstellungen wie an der Verkaufsfront zum Einsatz bringen. Doch konnte das Kontakt-Gen der Rheinländer trotz eifriger Bemühungen der Standortfestiger Deutschlands noch nicht isoliert werden. Kommunikation und Kundenbeziehung ist wichtiger als die wirkliche Ware, Predigen sinnvoller als Produzieren. Im deutschen Marketing setzt sich diese alt-rheinische Erkenntnis erst langsam durch.

Starke Marken
Rheinische Produkte erfreuen die Menschen und erleichtern den beschwerlichen Alltag.

4711: Kaum war das Mittelalter vorbei, hatten findige Rheinländer die Idee, eine Ware unters Volk zu bringen, von der es mehr als genug gab: das Wasser von Köln. Als Eau de Cologne machte der Exportschlager Karriere, aber noch fehlte ein aussagekräftiger Markenname und ein zugkräftiger Event, um das Produkt bekannt zu machen. Während der Franzosenrevolutionszeit im 18. Jahrhundert ergab sich endlich die langersehnte Chance: Den Kölner Häusern wurden Hausnummern zugewiesen, und die Produktionsstätte in der Glockengasse erhielt von einem stattlich-schicken *Lieutenant* hoch zu Roß die Nummer 4711. Flugs wurde der Zusatz »echt« auf die grün-goldenen Flacons gedruckt und *tout le monde* bestäubte sich mit dem Anästhetikum aus Köln. Noch in den Fünfzigern und Sechzigern war nicht nur das Rheinland sommers vom Geruch dieser Duftmarke für Großmütter und solche, die es werden wollten, erfüllt: Zwei Spritzer auf ein blütenweißes Taschentuch, einmal durchs Gesicht gewischt und der Spaziergang war gerettet.

Aspirin: Auf der schääl Sick, nicht weit von der Stelle, wo später das berühmt-berüchtigte Leverkusener Autobahnkreuz errichtet werden sollte, war um die letzte Jahrhundertwende noch ziemlich viel Platz. Wie ihn besser nutzen, als eine Chemiefabrik mit angeschlossener Stadt zu bauen und ihr den Namen Bayer-Leverkusen zu geben? Denn Chemie, das Experimentieren mit immer neuen Verbindungen, liegt den Rheinländern im Blut. Ein

Kreuz im Kreis, mit vielen Glühbirnchen versehen, gab dem Unternehmen die nötige Weihe. Die ungewohnten Ausdünstungen in der Frühzeit der Chemie allerdings bereiteten vielen Rheinländern Kopfschmerzen. Dagegen mußte etwas unternommen werden. Die rührigen Forscher in den Bayer-Labors schenkten nach eifrigem Forschen dem Rheinland und der ganzen schmerzgeplagten Welt das Universalheilmittel *Aspirin*. Karnevalsorgien und Familienfeiern konnte man nun ohne böses Erwachen überstehen, und die Frohsinnskultur der Rheinlande nahm einen weiteren, synthetischen, Aufschwung.

Stollwerck: Lange bevor das Schweizer Bergvolk seine Kühe lila einfärbte, wurden schon im Flachland am Rhein Kakao und Milch zu Schokoladentafeln verarbeitet. Dem Süßwarenpionier Stollwerck war klar, daß Naschwerkverzehr auch jenseits der Kamelle zu den Grundbedürfnissen des rheinischen Menschen gehört. Die abgründige rheinische Melancholie ließ sich durch Zufuhr großer Portionen Schokolade zu einem süßen Weltschmerz veredeln, da klingelte die Kasse. Weitsichtig erkannte er, daß Schokolade mehr als ein Nahrungsmittel ist, und verhinderte, daß sie nur auf Rezept in der Apotheke gekauft werden kann.

Persil: Sauberkeit ist den Rheinländern schon wichtig, jedoch kommt der wahre Glanz von Innen. Sie sind bestens davor gefeit, einem kollektiven Reinlichkeitswahn zu erliegen, denn es war jahrhundertelang einfach viel zu arbeitsintensiv, Sauberkeit herzustellen. Rettung nahte aus Düsseldorf. Die Familie Henkel setzte sich intensiv mit dem Problem auseinander und beglückte das

Rheinland mit dem ersten selbsttätigen Waschmittel: Persil. Nun konnte man die Wäsche von allein sauber werden lassen und sich währenddessen den angenehmeren Seiten des Lebens widmen. Ob es sich um das strahlendste Weiß ihres Lebens handelte, war den Rheinländern eher gleichgültig, Hauptsache, das Pulver blieb selbsttätig. Endlich waren die Heinzelmännchen, wenigstens packungsweise, ins Rheinland zurückgekehrt.

Penaten: Diese guten Hausgeister hatten sich bereits unter den Römern rührend um die Kinder gekümmert. Ein Industrieller in Bad Honnef nahm die alte Tradition wieder auf, nachdem er versteckt in einem römischen Mosaik die Formel für eine zähe, weißgraue Pampe entdeckt hatte. Unter dem Namen Penaten Creme in blaugoldene Dosen gefüllt, lindert sie Kinderpopo-Schmerzen.

Die Medien

Medien haben eine lange Tradition im Rheinland. Jedes Dorf und jede Stadt besaß einen Priester und einen Schutzpatron, die die Verbindung zwischen Volk, Welt und Universum vermittelten. Heute übernehmen diese Funktion Zeitungen und TV.

Der Vorliebe der Rheinländer für unbeschwerten Klatsch dient das Boulevardblatt *Express*. Das täglich erscheinende rot-schwarze Loseblattwerk ist das regionale Gegenstück zur *Bild Zeitung*, die den Rheinländern zu preußisch ist mit ihrem ewigen Ruf nach Recht und Ordnung. Außerdem sind die nackten Tatsachen auf der Titel- oder Rückseite attraktiver und die Schlagzeilen nicht ganz so platzverschwenderisch gedruckt wie in der großen Konkurrenzpostille. Da die rheinische Arbeitspause länger ist als die bundesdeutsche, ist *Express* insgesamt dicker und bietet mehr Lesestoff als *Bild*.

Ob der WDR mit seinem TV-Programm sich dem Auftrag, rheinische Menschen zu erfreuen und ihr Leben zu erleichtern, verschrieben hatte, war lange Jahre nicht auszumachen. Doch seit der Programmreform ist sein Bekenntnis zur Region deutlich, das Land wird mit einer Unterhaltungssendung nach der anderen verstrahlt, die Serviceschiene ausgebaut und mit der neuen Weekly *Die Anrheiner* der Heimatkoeffizient deutlich erhöht. Im Radiobereich hat sich der WDR nach einer weiteren Reform ausdifferenziert und die Rheinländer in fünf große Zielgruppen eingeteilt, die er mit seinen fünf Programmen bedient: *Eins live* für die von morgen; *WDR 2* für die von heute; *WDR 3* für die von gestern; *WDR 4* für die im Krankenhaus sowie *WDR 5* für die von vorgestern und übermorgen.

Irgendwann entschloß sich in Düsseldorf die rheinische SPD, nachdem man sich gemeinsam Alexander Kluges *Die Macht der Gefühle* im Programmkino angeschaut und heftig mitgefiebert hatte, aus dem Rheinland ein modernes Medienland zu machen. Die Rheinländer hatten den WDR verkraftet, also würden sie auch Familienfernsehen à la RTL mit seiner köstlichen Mischung aus Sex und Gewalt überleben. Endlich durften sich die Rheinländer im Verein mit allen Deutschen zu jeder Tages- und Nachtzeit an Melodramen in Form von Soaps,

SitComs, Arztserien, TV-Movies sattsehen. Die ewige Lindenstraßen- und Schwarzwaldklinikmonokultur hatte ein Ende. Der Klatsch wurde als Nachrichtensendung institutionalisiert. Das unverkrampfte Verhältnis der Rheinländer zur Moral half RTL, revolutionäre Sexsendungen wie *Tutti-Frutti* auf die und über die Bühne zu bringen.

Im Zuge jener Kommerzialisierung wurde aus dem Rheinland dann die gewünschte echte Medienlandschaft: Unzählige Filmfirmen entstanden als Zulieferer für die Sender. Überall, in jeder Küche, auf jedem Klo, in jeder Dachkammer wird nun unentwegt TV gemacht. Jeder von einer Amateurfilmkamera aufgezeichnete Unfall, jeder leidenschaftslose Striptease vor der heimischen Schrankwand schreibt nun Fernsehgeschichte.

Die ausgleichende rheinisch-sozialdemokratische Gerechtigkeit sorgte dafür, daß den Privaten sofort die Laus in den Pelz gesetzt wurde. Die heißt *dctp* und residiert in Düsseldorf. Der Jurist Alexander Kluge, einstiger Avantgardefilmer und heutiger Medienbesetzer via dctp, darf und soll Fensterplätze für Unabhängige bei RTL und Sat 1 nutzen. Er hat für sich die Position des Quotenkillers als Marktlücke entdeckt. Mit ihren obskuren Sendungen treibt die *dctp* die Quoten programmgemäß nach unten. Die kurzen Beiträge, die unter dem Titel *10 vor 11* gegen Mitternacht versendet werden, bringen moderne Oper, sehr moderne Oper und zur Abwechslung ganz moderne Oper, garniert von Interviews mit Menschen, die viel zu sagen haben, denen aber niemand zuhören will.

Vor den Toren der Stadt Köln ließ sich alsbald der konzeptionslose Minisender VOX nieder. Und im Herzen der Stadt, zwischen den unfertigen Bauten einer Abschreibungsruinenlandschaft namens Mediapark, plappern die Teenies der Musikvideoabspielstation Viva, der gnadenlosen rheinischen Antwort auf Mainzer Schlagerparade und Londoner MTV.

Die Stadt Düsseldorf war neidisch, klar. Man wollte nicht abseits stehen und baute im Hafen ein modernes Medienzentrum. Hier nistete sich probehalber das Kinder-TV *Nickelodeon* ein. So bekamen die Düsseldorfer endlich ihren eigenen Sender. Der verschwand aber nach kurzem Senderleben wieder von der Bildfläche. Auch der fröhliche *Wetterkanal* aus der Altbierstadt fand wenig Zuspruch, was man sich beim rheinischen Wetter eigentlich hätte denken können. Er wurde kurzerhand eingestellt. Nur der WDR hält es noch in der offensichtlich unglückbringenden Hafengegend aus. Und die Filmstiftung natürlich, die heftig daran arbeitet, das Rheinland endlich an den Pazifik zu verlegen. Direkt neben Hollywood hat man ein Grundstück gekauft.

Die Werbung

Sich anzupreisen fällt den Rheinländern nicht schwer. Und das lose Mundwerk zusammen mit genialen Einfällen, die in einer Art permanentem Brainstorming nur so aus diesem herauspurzeln, läßt sich kaum stoppen. Die Werbebranche findet also ideale Voraussetzungen. Sie konzentriert sich hauptsächlich in Düsseldorf und lebt mit der Medienbranche in symbiotischer Beziehung. Das geht so weit, daß man Medium und Werbung nicht mehr unterscheiden kann. Mit blöden Sprüchen Geld zu verdienen ist Traum und Wirklichkeit jedes Büttenredners, die rheinische Werbung steht dem nicht nach. In der Hochkultur wird Werbung auch als Fortführung von Dadaismus begriffen. Sinn macht, was man dafür hält: Damit können die Rheinländer in der Werbung gut leben.

Die Mode

Rheinländer, besonders in Düsseldorf, schätzen den schönen Schein, was nicht nur der Werbung hilft, sondern in besonderem Maße der Modebranche. Mit den Kreationen auf Modellkörpern geht es ähnlich wie mit den Möbeln von Ikea: Im Katalog sehen sie super aus. Erfreulicherweise bringen es die Rheinländer, ja selbst die Düsseldorfer, nicht übers Herz, die modeschöpferischen Glanzleistungen auch zu tragen. Sie stehen eher auf Verkleidung als auf Verpackung.

Rheinische Politik

Rheinländer sind die geborenen Politiker, wenn man unter Politik die Abwicklung der Tagesgeschäfte versteht. Großartige visionäre Entwürfe sind ihre Sache nicht, obwohl sie stets nach vorne schauen und kaum zurück. Visionen verglühen kurzerhand im rheinischen Alltagsgetriebe. In diesem richten die Rheinländer sich ein und machen das Beste daraus. Das ist praktisch-pragmatische rheinische Politik, die unter vielen Besatzungen verfeinert wurde. Mit den Besatzungsmächten (Preußen, Finanzamt, Verwaltung, Schwiegereltern, Ehefrau, Ehemann ...) arrangiert man sich und unterläuft das System, wo es nur geht. Wenn möglich läßt man die Besatzer ohne Blutvergießen weiterziehen. Auch nach Berlin.

Die rheinische Republik e.V.

Ihre historische Bestimmung fand die rheinische Politik in einem 1949 gegründeten Verein, kurz BRD genannt oder rheinische Republik e.V. Wesentliche Grundzüge rheinischen Seins bestimmten fortan das Bild des neu gegründeten Halbstaates: Klüngel, Vereinswesen,

Gemütlichkeit, Westorientierung, Wunderglaube. Nach der Pleite mit Preußen und dem Tausendjährigen Reich konnte Deutschland nur noch von den antimilitaristischen Rheinländern repräsentiert werden, das wußten die Alliierten genau.

Ohne Wunder keine Nation, davon ist man im Rheinland wie in Irland fest überzeugt. So werden die fünfzig Jahre rheinische Republik e.V. auf deutschem Boden von zwei großen magischen Ereignissen flankiert: dem Wirtschaftswunder und dem Wiedervereinigungswunder. Die Eingeborenen von Trizonesien, zunächst angeführt von ihrem ururalten Schamanen Dr. Adenauer, gingen in sich und beteten für die Materialisierung des Versandhauskatalogs auf Erden. Ein Wunderheiler wurde ihnen geschenkt, der allein durch seine Leibesfülle kommenden Wohlstand ahnen ließ und dessen unentwegt qualmende Zigarre den emsigen Rauchausstoß der Industrieschlote nachahmte.

Ein zweiter dicker Mann und Enkel des alten Schamanen beendete den scheinbar ewigen Sommer der rheinischen Republik, indem er das Wunder der Wiedervereinigung zuließ. Keiner erwartete das Wunder, keiner wollte es richtig, und doch trat es ein: Die Mauer fiel, Bonn verlor den Hauptstadtstatus, und Konrad Adenauer drehte sich in seinem Rhöndorfer Grab um. Das hatte er nicht gewollt.

Dabei war ihm das Provisorische als Grundzug rheinischer Politik durchaus bewußt. Denn nichts ist für die »Ewischkeit«. Die Rheinländer hatten in ihrem langen Vereinsleben Mächte kommen und gehen sehen. Von daher wußten sie genau, daß auch die Bundesrepublik keinen Bestand haben wird. Ergo erhoben sie den Zustand des Vorläufigen zum integralen Bestandteil der rheinischen Republik. Im Bewußtsein des Provisorischen läßt sich leichter schalten und walten, besonders wenn das Provisorische als Demokratie institutionalisiert wird. Nicht, daß sich alle vier Jahre viel ändert, aber darum ging und geht es nicht. Wichtig ist, daß über alles ausführlich geredet werden kann, und nicht, daß sich was tut.

Dieser Rückzug ins Nicht-Tun und ins Private wie Provinzielle war wesentlicher Bestandteil des Rheinischen der rheinischen Republik e.V. Den Rheinländern fehlt einfach der Wille zur Macht. Sie fühlen sich in ihrem Winkel und miteinander äußerst wohl. Die Provinz ist ihnen Welt. Schließlich kam im alten Handelszentrum Rheinland alles zusammen, was man zum Leben brauchte. Aufgrund dieser rheinischen Erfahrung stützte sich die junge Republik auf zwei Prinzipien: aus allem raushalten und Handel treiben. Die Strategie war goldrichtig, siehe Wirtschaftswunder. Nach und nach wandelte sich außerdem die ganze Welt zur Provinz: Fernreisen wurden möglich, und das TV-Programm bewies, daß es woanders auch nicht anders ist. Als dann die Welt zum globalen Dorf erklärt wurde, wertete man das in Bonn als Triumph rheinisch visionärer Kraft. Alles war nur noch ein einziger großer Markt.

Wie sich die Rheinländer auf diesem Markt zu verhalten hatten, das regelte die soziale Marktwirtschaft. Nur im Verbund mit den anderen, im Kontakt, im Verein, fühlen die Rheinländer sich wohl, dort ist ihre sozialpolitische Heimat. Dieser Wesenszug wurde flugs zur grundlegenden Wirtschaftstheorie erklärt. Gemeinsam wollte man vorankommen, in Gemeinsamkeit die Probleme klären: Konzertierte Aktion nannte sich diese Übung. Selbstgenügsam und zutiefst friedlich werkelte nun die rheinische Provinz-Republik vor sich hin. »Keine Experimente«, mit diesem an die Bewußtseinshaltung der katholischen Kirche angelehnten Slogan zementierte die rheinische Republik e.V. ihre Erfolgsgeschichte, bis in alle »Ewischkeit«.

Mit diesem katholisch angehauchten Erfolg konnte sich ein kleiner Trupp langhaariger Protestanten nicht abfinden. Doch Revolutionen sind die Sache der Rheinländer nicht. Zwar kommt das Happening als solches gut an, doch die meist blutigen Konsequenzen einer Revolution weit weniger. *Laisser-faire* und behutsame Modernisierung, respektive Anpassung, liegen schon eher auf der rheinischen Linie. 1968 aber war es dann soweit: Happening war angesagt. Im Rheinland war die Aufregung nicht so groß, mit Jecken hatte man Erfahrung. Irgendwann versandete der ursprüngliche Impuls erwartungsgemäß, und die achtundsechziger Querköpfe fügten sich fröhlich in die rheinische Republik ein. Eingedenk des rheinischen Einerseits-Andererseits begaben sich die Exprotestanten auf einen langen Marsch durch die Institutionen. Sie marschierten langsam und setzten Speck an. Unterwegs zu Geld gekommen, gründeten sie die Toskana-Fraktion, um die rheinische Republik und das Mediterrane noch fester zu verknüpfen. Unterwegs legten die Marschierer immer häufiger Ruhepäuschen ein, um schließlich vom weichen Sessel aus nur noch ab und zu eine Spende für die dritte Welt zu überweisen. Jeder sollte was abhaben vom großen Kuchen, denn es war noch genug für alle da – zumindest damals in der rheinischen Republik e.V.

Aus dem Vereinsleben

»Leben und leben lassen«, diese urrheinische, zutiefst humane Devise zieht sich wie ein roter Faden durch die rheinische Politik e.V. Skandale sitzt man aus, deckt man zu oder sitzt mit drin. Im Parlament wird gestritten, was das Zeug hält, hinterher geht man einen trinken – über alle Parteigrenzen hinweg. Das ist human, das ist demokratisch, das ist rheinisch. Sozusagen eine große Familie.

Der erste Präsident und ganz großer Vorsitzender des 1949 neu gegründeten rheinischen Vereins BRD war das rheinische Urgestein Dr. Konrad Adenauer. Als Oberbürgermeister von Köln hatte der vor dem Zweiten Weltkrieg bereits die rheinische Politik zutiefst verinnerlicht. Besonders die Verfeinerung der kommunikativen Beziehungen im Akt des Gebens und Nehmens, den Klüngel, beherrschte er meisterlich. Wie jeder Rheinländer lebte er ganz im Heute. »Was kümmert mich mein Geschwätz von gestern«, diese Grundeinstellung erleichtert den Umgang mit Politik sehr. Wie jeder vernünftige Rheinländer war Adenauer für eine Hauptstadt auf der richtigen Rheinseite. Die rechtsrheinische schääl Sick kam nicht in Frage: »Auf der anderen Rheinseite, da fängt für mich Sibirien an.« So wurde Bonn Hauptstadt und die Westbindung Satzungspunkt 1 der rheinischen Republik e.V.

Aber der wichtigste Mann im rheinischen Verein, das wußte auch der große Vorsitzende, ist der Kassierer. Er hält an der richtigen Stelle die Hand auf. Er kennt die wirklich wichtigen Leute. Er weiß: »Nehmen ist seliger denn Geben.« Und die Vereinsmitglieder, aktive wie passive und solche, die es werden wollen, geben gern. Denn der Kassierer weist den Vorstand auf die edlen Spender hin. Man übertrug einfach das segensreiche Prinzip der Fürbitte der rheinisch-katholischen Kirche ins Weltliche. Möglicherweise aber liegen die Urformen des Kassierertums viel weiter zurück. Skelette von Führungspersönlichkeiten im Neandertal e.V. lassen eine Geste erkennen, die bis auf den heutigen Tag überliefert ist. Die im Rheinland allgegenwärtigen Römer nannten sie später »manus manum lavat«, auf hochrheinisch »eine Hand wäscht die andere«. Und gewaschen wurde gern und viel. Diese besondere Tätigkeit wurde von einer Spezies ausgeübt, die sich Saubermänner nannte und die man keinesfalls mit den Waschweibern verwechseln sollte. Direkt nach dem Zweiten Weltkrieg wurde in der rheinischen Republik besonders viel gewaschen. Die heimische Waschmittelindustrie lieferte die Rohstoffe für den Hauptwaschgang: Dort wirkte dann der Persilschein. Der ließ braune Flecken einfach verschwinden. Später wurde der Persilschein in die Spendenwaschanlage der Parteien integriert. Anlaß: Der Düsseldorfer Unternehmer Friedrich Karl Flick hätte vermittelt durch seinen Angestellten Eberhard von Brauchitsch Bonner Parteien unter die Arme gegriffen, um einen Gewinn von 1,8 Milliarden Mark aus dem Verkauf von Daimler-Aktien nicht versteuern zu müssen. Aus der Flick-Affäre entstand dann die Parteispenden-Affäre, da in einer akribisch geführten Liste des Flick-Buchhalters Diehl jede Zahlung an die Bonner Parteien und ihre Politiker festgehalten war: wg CDU, CSU, SPD, FDP. Die unversteuerte Pflege der Parteienlandschaft wurde verfassungsrechtlich verboten, und die rheinischen Kassierer mußten neue Wege zu Klüngel und Kumpanei suchen. Ein solides Unterhaltungsgeschäft setzt schließlich Profis voraus. Und Profis kosten eben.

Dabei taten sich doch gerade die rheinischen Laiendarsteller gern hervor. Besonders Frohnaturen pflasterten den Weg der rheinischen Vereinsrepublik. Heinrich Lübke aus dem Sauerland konnte erst im Rheinland e.V. sein komisches Talent voll entfalten. Auch Walter Scheel aus dem Bergischen verkörperte rheinischen Spaß an der Freud im höchsten Staatsamt. Singen statt reden und wandern statt Fortschritt lauteten seine Motti. *Hoch auf dem gelben Wagen* war sein größter Hit. Mit seinem aparten Lockenhaar gereichte er jedem rheinischen Männergesangverein zur Zierde.

Der Regent

Der wahre Herrscher aber und Fronvogt des heutigen Rheinlandes ist Regierungspräsident Antwerpes. Für die rheinische Politik ist nicht etwa die Bundesregierung zuständig oder die Landesregierung in Düsseldorf, nein, die Zügel in der Hand hält der Präsident des Regierungsbezirks Köln. Er schaltet und waltet nach Herzenslust, und wäre es noch möglich, er würde sich zum Fürstbischof küren lassen. Doch ist sich Präsident Antwerpes nicht sicher, ob er sich als Reinkarnation des Reinald von Dassel oder doch lieber als der große Houdini empfehlen soll. Der Mann vom Niederrhein kommt mit dem Klüngel bestens zurecht und weiß seine Aktionen pressemäßig gut rüberzubringen. »Tue Gutes und rede darüber«, dies dem rheinischen Glaubensbekenntnis entlehnte PR-Motto ist das kleine Einmaleins von Präsident Antwerpes. Jeden Tag steht er in der Zeitung. Gibt es einmal keine Gelegenheit für einen publikumswirksamen Auftritt, so schafft er selbst schnell ein Problem, um es flugs zu lösen und diese Tat ins Rheinland hinauszuposaunen. Bundesweiten Ruhm erlangte er durch seine Bemühungen um den Bildungsstandard der Kelly-Familie. Den blonden Teenietraum Angelo wollte er partout in die Schule schicken, damit der Junge was Anständiges lernt und eine Chance hat, wenn er in den Stimmbruch kommt. Das brachte massig Schlagzeilen, und der Regent war glücklich. Wie jeder große Mann braucht auch Präsident Antwerpes einen Intimfeind. Diese Rolle übernimmt im Antwerpes-Spektakel der Aktionskünstler HA Schult. Der stellt ihm Autos in Sichtweite aufs Dach, plaziert Weltkugeln auf Kölner Brückenpylonen und tut auch sonst alles, um den Gewaltigen zu ärgern. Die rheinischen Untertanen betrachten das Treiben von Präsident Antwerpes mit milder Nachsicht, denn sie wissen, daß die Kölner ihre Fürstbischöfe immer noch erfolgreich aus der Stadt verjagt haben.

Rheinische Landschaften

Schääl Sick

Der Rhein trennt, er verbindet nicht. Dem linksrheinischen Filetstück des Rheinlandes ist alles, was sich auf der anderen Rheinseite – der schääl Sick – befindet, verdächtig. Zwar gibt es Fähren und Brücken, doch die betritt man nur widerwillig. Zu den unglücklichen Vettern auf der gegenüberliegenden Seite geht man nicht gern. Dort drüben, jenseits des Rheins, ist es dunkel, morastig, barbarisch. Von dort kamen die Hunnen, dann die Wandalen, später die Preußen. Der schlimmste Bannfluch lautet: »Geh doch nach drüben!« Die schääl Sick trägt viele Namen: Sibirien etwa, Wittenberg oder Berlin. Selbst das absolute Nichtverstehen zwischen den rheinischen Haupt-Städten Köln und Düsseldorf findet hier seinen Ursprung: Sie liegen auf jeweils anderen Rheinseiten.

Bergisches Land

In diese rauhe, nasse, fast unbewohnbare Berggegend hatten sich nach und nach die bei den katholischen

Rheinländern nicht so beliebten rheinischen Protestanten zurückgezogen. Die Kölner Katholen hatten die Mitbürger in einer stumpfsinnigen mittelalterlichen Trotzreaktion aus der Stadt verbannt und damit die Moderne für weitere Jahre aus der Stadt vertrieben. Die Protestanten entfalteten in den nahegelegenen Hügeln an den Läufen der Flüsse Wupper und Sieg eine rege Produktions- und Geschäftstätigkeit. Erze und Kohle wurden geschürft, die ersten Industrien entstanden. Entfremdung machte sich breit. Die Versöhnung zwischen Rheinland und Bergischem Land brachte erst die Bergische Kaffeetafel, jene Gebirge aus Waffeln und Sahne, die rheinischen Spaziergängern als Opfergabe dargeboten werden. Der bergisch-rheinische Mensch ist mittlerweile schwermütiger, bedächtiger geworden als sein flachländischer Vetter. Das mag auch daran liegen, daß es im Bergischen noch mehr regnet als im rheinischen Flachland. Eine touristische Kuriosität entzückt: Die merkwürdige Wuppertaler Schwebebahn, eine Art hängender Transrapid, die ab und zu von Elefanten benutzt wird, die lustige Namen tragen und aus dem Fenster fallen.

Westerwald

Der Westerwald, so sehen es die Rheinländer, ist rauh, naß und fast unbewohnbar. Verbunden durch ein Landschaftszwischenstück ohne Namen, das rauh, naß und fast unbewohnbar ist, geht der Westerwald direkt ins Bergische Land über. Daß er doch noch irgendwie mit dem Rheinland zu tun hat, macht eine im Westerwald entwickelten Sonderform des Klüngels deutlich: die Agrar-Genossenschaft. Wilhelm Raiffeisen gründete diesen Verein zur Besserstellung der Landwirtschaft, der sich dank Übernahme rheinischer Wesenszüge (sitzen, reden, trinken) weit über den düstren Tann hinaus verbreiten konnte.

Aachen

Die alte Kaiserpfalz liegt ein wenig abseits am westlichen Rand der Kölner Bucht hinter den Braunkohlelöchern und träumt vor sich hin. Meist schaut der Eingeborene nach Westen, nach Frankreich oder zu den Flamen hinüber. Die Sprache, das Ööcher Platt, weist mit seinem extrem näselndem Singsang auf das nachbarliche Französische hin. Unter der Preußenherrschaft sprachen die rebellischen Aachener konsequenterweise Französisch oder eben ihr Platt, um den ungeliebten Kasernenhofton zu vermeiden.

Oft hängt ein süßlicher Fruchtgeruch über der Stadt. Dann wissen die Aachener, welches Obst gerade in der heimischen Konfitürenkocherei Zentis zu farbkräftigem Gelee oder süßer Marmelade verarbeitet wird. Vor Weihnachten – also das ganze Jahr über – weht der Printenduft durch die Stadt. Diese Plombenzieher gelten als feines Konditorgebäck und werden, durch heimliche Subventionen der Zahnärztevereinigung gestützt, in alle Welt exportiert.

Die rheinische Begeisterung für Reliquien treibt in Aachen schönste Blüten: das Hemd der Mutter Gottes, die Strümpfe des heiligen Josef, die Windel Jesu und das Haupt Karls des Großen ruhen friedlich vereint in der Kaiserstadt. Leider blieb der Heilige Rock in Trier hängen, er hätte die Kollektion vervollständigt. Der große Karl, angeblich der erste Europäer, liebte das Sumpfland bei Aachen mitsamt den heißen Schwefelquellen dermaßen, daß er Dom und Pfalz dort erbauen ließ und sich ebendort zur Ruhe bettete. Bereits Otto III. traute dem Kaiserschmarrn nicht und ließ die Krypta seines Vorfahren im Amte öffnen: Der alte Kaiser saß trutzig auf seinem einfachen Steinschemel und sah aus wie neu. Die Amtskirche beschlagnahmte umgehend die kaiserlichen Knochen. Vom Knochengerüst Karls wurden eifrig Stücke abgesplittert, um auch andere Kirchen in den Besitz massenwirksamer Devotionalien zu bringen. Reichssessel und Reichsinsignien hingegen wanderten in den Kronschatz.

Heute werden in Aachen keine Kaiser mehr gekrönt, sondern Orden wider den tierischen Ernst verliehen. Diese Aufforderung zum unkorrekten Umgang mit der politischen Realität ist bitter nötig. Einmal im Jahr werden die Politiker daran erinnert, daß auch ihnen Humorfähigkeit nicht übel zu Gesicht steht.

Von Westen her ziehen ständig Regenwolken gen Aachen und jede Menge Frittenduft. Der belgische Nationalsnack ist auch den Aachenern heilig. Es gilt selbst in besseren Kreisen durchaus als salonfähig, mit dem Schälchen voller Pommes zu jeder Tages- und Nachtzeit über den Aachener Marktplatz zu schlendern.

Die rheinische Riviera
In der Nähe der nördlichsten Stadt Italiens, wie Köln von der Toskana-Fraktion genannt wird, darf eine Riviera nicht fehlen.

Diese liegt ein wenig südlich von Bonn, natürlich am Rhein. Hauptstadt der rheinischen Riviera ist das rheinische Nizza, gewöhnlich Bad Honnef genannt. Hier könnten Orangen und Zitronen wachsen, würde man sie nur anbauen, hier weht ein milder Lufthauch den Duft von wildem Majoran dem Besucher um die Nase, und selbst die trübgrauen Fluten des Rheins glitzern grünblauer als anderswo. Goethe soll hier Mignons Lied gedichtet haben, Rudi Schuricke zu den Caprifischern inspiriert worden sein und selbst Handtaschendiebe auf Motorrollern wurden schon gesichtet. Das alles hat natürlich seinen Preis. Denn nur die Rheinländer, die es sich leisten können, ergattern einen Platz auf jener Sonnenseite des Lebens. Seit der Gründerzeit bereits häuften sich hier die großklotzigen Industriellen-Villen. Ein Landsitz am Rande des Siebengebirges mußte einfach sein, später dann einer an der echten Riviera. Selbst das Hinterland jenseits der sieben Berge gilt als ähnlich rückständig wie die Gegend ein paar Kilometer nördlich der Riviera, obwohl auch hier Oberstudienräte und Sozialpädagogen emsig alte Häuser aufkaufen und renovieren. Natürlich zog sich auch Konrad Adenauer an die rheinische Riviera zurück. Sein Domizil in Rhöndorf ist heute ein anerkannter rheinischer Wallfahrtsort. Seine Gebeine schützen wie die Heiligen Drei Könige das Rheinland und darüber hinaus auch die Bundesrepublik. In der rheinischen CDU, vorgetragen vom Ortsverein

Allerheiligen, sollen Geheimpläne existieren, den Altkanzler komplett nach Berlin zu überführen, oder wenigstens einen Knochensplitter in der neuen Parteizentrale einzubauen.

Nordeifel & Nürburgring

Die kargen, rauhen, nassen und fast unbewohnbaren Hügel der Nordeifel trennen das Rheinland von den beleuchteten Autobahnen Belgiens. Zwar wird auch im westlichen Bergland Karneval gefeiert, was auf rheinische Gene schließen läßt, doch längst nicht so ausgiebig. Trotzdem wurde die Eifel nach und nach von Flachlandrheinländern urbar gemacht. Zunächst durch Wochenendhäuschen, dann durch Prachtbungalows. In deren Gefolge kam der Ausbau der Bundesstraßen. Aufgrund dessen wiederum wurde die gesamte Eifel von rheinischen Motorradfahrern und ihren Clubs zur Rennstrecke erklärt. An den Wochenenden brettern, sobald einer der seltenen Sonnenstrahlen zu sehen ist, sturzbehelmte Biker samt ihren Miezen über Berg und Tal. Verpflegt werden die Besucher von den Eingeborenen hauptsächlich mit einer herzinfarktfördernden Schlachtplatte. Wenn die nicht die nächste Kurve holt, dann wenigstens die Eifeler Sau, meinen die stoischen Gastgeber.

Mitten in der Nordeifel liegt eine der großen mythischen Kultstätten der Neuzeit: der Nürburgring. Diese Betonpiste windet sich um einen Berg namens Hohe Acht, auf dem der Sage nach schon in früheren Zeiten

Menschenopfer dargebracht wurden. Damals noch auf Steinen; zur modernen Opferausstattung hingegen gehört ein windschnittiger Blechsarg. Der Brot-und-Spiele-Event Formel 1 ist ein Ersatzkarneval in narrenloser Jahreszeit und lenkt von der rheinischen Fußballmisere ab. Normalrheinländer dürfen hier zwischen den Rennen den Geschwindigkeitsrausch kennen, und meistern lernen. Das Förderprogramm hat einigen Erfolg, wie man an SchumacherSchumacherFrentzen & Co sehen kann.

Niederrhein

Dort werden Menschen geboren wie Margarete Schreinemakers. Aber auch große Seelen wie Hanns Dieter Hüsch, der seinen Niederrheiner genau kennt: »Er weiß nix, kann aber alles erklären.« Hier mischt sich schon das Rheinische mit dem Niederdeutsch-Umständlich-Schweigsamen. Gespräche versanden häufig im platten Nichts und Nirgends, werden aber trotzig weitergeführt. Das gelingt mittels des rekursiven Fragewörtchens »wie«, einer Spezialität des Niederrheinischen, das Interesse vortäuscht, um den Redefluß aufrechtzuerhalten, gleichzeitig aber auch Zweifel am Interesse nährt. Etwa: »Der Fritz ist gestorben.« – »Wie, der Fritz ist gestorben?« – »Ja, wirklich.« – »Wie, wirklich?« – »Lungenkrebs.« – »Wie, Lungenkrebs?« Und so weiter. In diesem leicht bizarren Landstrich haben die Römer mit Xanten eine funktionstüchtige Modellsiedlung hinterlassen, die heute als Freizeitpark dient. Aber auch der Schnelle

Brüter, ein von der Atomlobby mit lustigem Namen belegter funktionsuntüchtiger Kernreaktor, soll in eine Vergnügungsanlage umgewandelt werden. Typ Spaßbad, Zielgruppe: Holländer. Ein anderer Eventschwerpunkt am Niederrhein findet sich in Kevelaer. Nach einer Marienerscheinung wurde die Siedlung zur rheinischen Großwallfahrtsstätte.

Rheinische Sprache

Die Rheinländer glauben an die Macht der Sprache. In ihr vollzieht sich die unfaßbare rheinische Wirklichkeit, drängt sie zur Umsetzung in den Bereich des zumindest Möglichen. Die Wirklichkeit ist grundsätzlich wandelbar, nicht festgelegt und kommt erst in der tastenden sprachlichen Umschreibung zu einer gewissen Festigkeit. Denn in der sprachlichen Fixierung liegt ein Zauber, das Gesagte könnte immerhin wahr werden. Doch man kann über alles reden – der einprägsame rheinische Merksatz schreibt die Verhandelbarkeit des Seins, respektive des rheinischen Alltags, fest. Instinktiv haben die Rheinländer schon immer geahnt, was die Philosophen mühsam durch die Jahrhunderte herausdestillieren konnten: Sprechen schafft Wirklichkeit. Nur der Mensch, der spricht, ist wirklich Mensch; ist wirklich Rheinländer.

Rheinisches Sprechen, I

Das Rheinland ist voll dieser wirklichen Menschen, die dauernd sprechen, um zu sich zu finden. Unterwegs zum Ich: So ist die rheinische Sprache zuallererst ein rheinisches Sprechen, Plappern, Plaudern, Quatschen, Quaken, Tratschen, Lautgeben, Verstandorten, Ausloten ... Im jeweiligen Sprechvollzug findet Sprache zum rheinischen Dasein. Im Sprechen entfaltet sich ihr Sinn, im Klang, nicht in der schriftlichen Festlegung. Das sollte man eigentlich von allen Sprachen annehmen, doch werden die Rheinländer das Gefühl nicht los, daß einige Sprachen hauptsächlich zum Schreiben bestimmt sind; wie etwa das Beamtendeutsch, das Politikerdeutsch, das Intellektuellendeutsch, das Wirtschaftsdeutsch, das Juristendeutsch, das Kirchendeutsch ... Dieser Eindruck wurde endgültig durch die preußischen Verordnungen zementiert, die nach der Eingemeindung im letzten Jahrhundert die rheinische Seele quälten. Fixe Vorschriften hier und starre Reglementierungen dort, dabei kann man doch über alles reden – zumindest im Rheinland.

Rein lautlich – so vom Klang her – dringt aus der rheinischen Tiefebene ein melodischer, quicklebendiger, an Tonhöhenmodulation reicher, gleichzeitig leicht schleppender Tonfall ans Ohr. Von fern erinnert der rheinische Klang an chinesische Verlautbarungen, an diesen unverständlichen aber köstlichen und so vielversprechenden Singsang aus dem Reich der Mitte. Darin, in dieser lingualen Kunstfertigkeit, unterscheidet sich der rheinische von allen Sprechapparaten Restdeutschlands. Schon von weitem erkennt man die Rheinländer allein an dem melodiösen, von keinem Sinn gehemmten Zirpen und Singen, das sie einzig unter allen deutschen Stämmen beherrschen. Fremde, klobige Zungen behaupten hingegen, das Rheinische in seiner melodischen Schlüpfrigkeit, in seiner Breite, in seinem nasalen Quäken klinge vulgär.

Selten wird im Rheinland noch das rheinische Platt gesprochen. Dieses Rheinfränkisch-Ripuarische, das in früheren Zeiten auf engstem Raum mehrere Lautverschiebungen hinnehmen mußte, hat rasch vor dem Ansturm des und der Hochdeutschen kapituliert. Vielmehr hat sich eine Mischung aus Hochsprache und Platt als Umgangssprache aller Bewohner der Rheinlandes herausgebildet, die sich zwar ans Hochdeutsche anlehnt, jedoch den Klang aus dem Rheinischen entlehnt und so sanfter, weniger abgehackt, nuancierter klingt. Diese Mischsprache wird Hochdeutsch mit Knubbelen genannt.

Zum Sprechen gehört das Mienenspiel des Rheinländers sowie seine Gestik. Beides ist flink, beweglich, temperamentvoll, ausgeprägt. Besonders der Kontrast zu den mimisch-gestisch eher unbeweglichen Nachbarn, wie Westfalen, Sauerländern, Westerwäldern, Hunsrückern, Holländern, Flamen läßt den südlichen Einschlag rheinischen Redens und Gestikulierens deutlich hervortreten. Wobei die Geschwindigkeitsunterschiede in der Kommunikation mit den Nachbarn im Extremfall zu Phänomenen führen, wie sie allenfalls aus Science-fiction-Filmen bekannt sind: Der Rheinländer hat sich schon sein ganzes Leben von der Seele geredet und beweint sein nahendes Ende, während der Westfale gerade erst dabei ist, die Hand aus der Hosentasche zu nehmen, um dann zu überlegen, ob er überhaupt etwas sagen soll. Zwischen ihnen tut sich eine Zeitfalle auf, eine Zeitverschiebung, aus der es kein Entrinnen gibt.

Gesagt, getan!

Das Nicht-festgelegt-Sein rheinischen Wesens manifestiert sich in der Formulierung: »Wir müßten mal ... oder man müßte mal wieder ...« Was darauf folgt, ist beliebig. Etwa: »Wir müßten mal wieder spazierengehen.« Interessanterweise ist nun damit nicht nur alles gesagt, sondern bereits auch alles getan. Die sprachliche Absichtserklärung, dieses Zeichen guten Willens, reicht aus, um den Sprechakt zum Abschluß zu bringen und scheinbar in einer Handlung vollendet sein zu lassen. Das schweißtreibende Fitneßtraining ist vorbei, denn eigentlich ist man ja spazierengegangen. Wir müßten mal wieder: Man ist zutiefst überzeugt, seine Runde gedreht zu haben, ja fast tun die Füße noch weh. Und guten Gewissens gehen die Rheinländer unmittelbar zu anderen Aktivitäten beziehungsweise Nicht-Aktivitäten oder Wunsch-Aktivitäten über. In Ehen zwischen Rheinländern und Nicht-Rheinländern stiftet diese sprachliche Eigenart oft Unfrieden, da Nicht-Rheinländer sehnsüchtig oder irritiert auf die Erfüllung jener Absichtserklärung warten, die Rheinländer als schon eingelöst ad acta gelegt haben.

Ähnlich ergeht es Fremden mit dem sprachlichen Salto: »Dat sollt ich dieser Tage noch erledigt haben.« Situation in etwa: Eigenheim, Frühjahr, der Garten explodiert, der Rasen sprießt, die Bäume schlagen aus. Kurz und gut: Katastrophenzustand, es muß dringend etwas getan werden, um nicht von der grünen Hölle verschlungen zu werden. Die schicksalsschweren Worte »da müßte was getan werden« sind bereits gefallen, und einer der Eigenheimbewohner schien tatsächlich etwas dagegen unternehmen zu wollen, wenigstens Rasenmähen. Nichts passiert. Darauf angesprochen, kontert der Freizeit-Gärtner mit der Erklärung: »Dat sollt ich dieser Tage noch erledigt haben.« Das Geniale an dieser rheinischen Formulierung, die jede Schuld tilgt, ist die in der Vergangenheit abgegebene Vollzugserklärung, die sich zwar in der Gegenwart nie eingelöst hat, jedoch als abgeschlossen gelten muß. Gesagt, getan! Und schließlich wird der Rasen irgendwann von selbst langsamer wachsen.

Eine weitere typische Redewendung des Rheinischen, die ebenfalls das Phänomen des ohne Zutun rückbezüglich Vollendeten ausformuliert, ist die Phrase: »Und ich sach noch«. Sie dient dazu, passive Hinnahme von Geschehen zu kaschieren und sie ins Aktive zu verwandeln. Der Sprechende erscheint durch sie als hellseherisch Sorgender. Etwa: Ein rheinischer Vater befindet sich mit seinem kleinen Sohn, der des Laufens zwar schon mächtig, aber noch nicht hundertprozentig sicher ist, in einem Behördentreppenhaus mit Bank als Wartegelegenheit. Vater sitzt und liest Zeitung. Sohn stolpert umher. Vater kurz aufblickend: »Paß auf, die Treppe – gleich fällste.« Versenkt sich wieder in seine Zeitung. Sohn stolpert fröhlich weiter. Vater schaut nach einer Weile wieder auf: »Gleich fällste.« Blättert weiter. Sohn betritt die erste Treppenstufe, die zweite, fällt hin, erschrickt, plärrt. Vater guckt hoch und spricht vor sich hin an sein Umfeld gewandt: »Und ich sach noch, gleich fällste.« Faltet die Zeitung zusammen und begibt sich endlich zu seinem Sohn. Der Vater wird ruhigen Gewissens behaupten, seiner elterlichen Fürsorgepflicht nachgekommen zu sein.

Fremde Worte

Im Rheinland mischten sich die Völker, im Rheinland mischten sich die Sprachen. Die jeweiligen Besucher und Besatzer des Rheinlandes hinterließen großzügig Teile ihres Wortschatzes. Von den Römern ist das meiste durch die Zeit ins rheinisch Unbewußte hinabgesunken wie das Portal, die »Pooz«, oder der *pater familias*, kurz »de Pap«. Manches hat einen Bedeutungswandel erlebt wie die Fruchbarkeitsgöttin Matrone, die zum profanen, ältlichen Mutterschiff umgedeutet wurde. Oder das Plenum, die Vollversammlung im Bundestagsplenarsaal, in dem die meisten Abgeordneten durch Abwesenheit glänzen.

Die Hunnenhorden und anderer Besuch aus dem Fernen Osten hinterließen die besitzanzeigenden Fürwörter »ding ming sing«.

Während des Dreißigjährigen Krieges hausten die Spanier kurz in der rheinischen Tiefebene. Aus der kritischen Beobachtung jener Besatzer destillierten die Rheinländer den Baselemanes. Die förmlich unrheinische Art mit ihrem Handkuß (*beso los manos*) et cetera stieß auf wenig Gegenliebe. So ist der Baselemanes jemand, dessen Getue man sich vom Leib halten möchte.

Besonders die Franzosen vervollständigten das rheinische Sprachgemenge mit einer Vielzahl von Ausdrücken. Die rheinische Lebensart ließ sich treffend mit dem Adjektiv leschär kennzeichnen. Wenn zum Beispiel die Rheinländer vor der Verkaufstheke oder an der Kasse im Laden in Groß- und Kleingruppen zusammenstehen und kommunizieren, ohne die genaue Reihenfolge einzuhalten, weil das Gerede wichtiger ist, dann ist das eben leschär. Auch die Kleidung kann leschär sein, etwa der offene Hosenstall zu fortgeschrittener Stunde beim Karneval, das ist einfach leschär. Das rheinisch Leschäre sucht sich gern einen Ort, dieser heißt Milieu. Damit wird keine kartografisch erfaßte Stelle bezeichnet, sondern ein Zustand, eine innerer Haltung. Ein Milieu erreicht man häufig über eine Gehhilfe namens Trottewar. Dieser ordentliche Bürgersteig ist eine Errungenschaft der französischen Revolution. Der Bahnsteig mutiert im Rheinland zum Perrong. Regnet es, ziehen die Rheinländer ihren Paleto über. Wenn die Rheinländer allzu flott an etwas herangehen, überfällt sie leicht die Maläzigkeit, jenes abgrundtiefe nörglerische Übelsein, man ist dann ganz malad respektive krank. Doch auch bei den Franzosen war nicht alles Gold, was glänzte, manche hatten Dreck am Stecken oder Probleme – die Rheinländer versahen diese Tatsache gnädig mit dem Ausdruck Schiselamäng. Die französischen Männer waren extrem nett, richtig zuvorkommende Chevaliers. Daraus wurde nach dem Abzug der Liebhaber der etwas gemütlichere Kavalöres, der den Mädchen hinterhersteigt. Kam es zu bilateralen Schwierigkeiten auf intimem Terräng, steckten die Beteiligten in der Bredulje (*bredouille*) oder Klemme.

Eine Wortschöpfung aus dem französischen Rheinländisch zog ins überregionale Sprechen ein: die Fisimatenten. Weitblickende rheinische Mütter gaben ihren Töchtern den Rat »Mach keine Fisimatenten« mit auf den nächtlichen Weg. Diese zog es zu den französischen Jünglingen, vorgeblich jedoch zur Tante, die Zielangabe lautet: *Visite ma tante*. Bei dem Versteckspiel empfanden alle beteiligten Parteien ein gewisses Amüsemang.

Ein weiterer Begriff aus dem Rheinland fand in ganz Deutschland Beachtung: das »fringsen«. Als nach dem Zweiten Weltkrieg im ersten Nachkriegswinter die Kohlen mehr als knapp waren, und die Menschen froren und hungerten, sah sich der Rheinländer und Kölner Erzbischof Kardinal Frings genötigt, dies in einer seiner lebenspraktischen Predigten zu erwähnen. Dabei stand ihm die Tatsache vor Augen, daß zum Beispiel Kohle durchaus auf Eisenbahnwaggons vorhanden war. Also entlastete er seine Schäfchen und gestattete ihnen, sich den bitter benötigten Vorrat selbst zu besorgen. Der katholisch lizenzierte Mundraub wurde als rheinisch-vernünftige Humanität gesamtnational gewürdigt.

Schimpfwort & Bannfluch

Das Schimpfwort rheinischer Herkunft ist auf den analen Bereich fixiert. Sigmund Freud war sich sicher, daß die anale Fixierung mit dem unvollendeten Abschied von der Kindheit zusammenhängt. Das kindlich frohe Wesen des Rheinländers zusammen mit dem Gebrauch der Fäkalsprache scheint die These zu stützen. Alles, was nicht mit rechten Dingen zugeht, ist einfach ein Beschiß oder 'ne Driß. Lakonische Freude klingt mit bei scheiß drauf – driß drop. Der fromme Beschiß ist einzig dem Klerus vorbehalten. Arsch mit Ohren, Arschgesicht oder auch Scheißer, so nennt man sein Gegenüber, wenn man es nicht schätzt. »Du Arsch« gilt als liebevoll freundliche

Abkanzelung, kann aber auch boshafter gemeint sein. Entscheidend ist die Situation. Wie immer beim Sprechakt. Freundlich gemeint ist etwa die Aussage des Vaters und Ernährers der Familie, der acht Mäuler zu stopfen hat und das umschreibt: »Ich han noch aach Arschlöcher am drieße halde.« Acht Arschlöcher am Scheißen halten, das ist ganz direkt sinnlich und richtig. Das hochdeutsche »Mäuler stopfen« riecht nach Verdrängung und unterdrückter Aggression, die rheinische Umschreibung weist auf wohlverdaute Geselligheit am heimischen Tisch. Ist die Lage wirklich schlecht im Rheinland, gilt sie eben als beschissen. Auch der Föttchesföhler gehört in den Bezirk analer Fixierung. Das Wort beschreibt einen männlichen Typus, der nicht immer als angenehm empfunden wird. Gemeint sind Herren, die die Tendenz haben, Mädchen und Frauen vorgeblich wohlmeinend an den Hintern zu packen. Das kommt im Rheinland wohl häufiger vor. Auch die Laute, die zwischen drallen Hinterbacken hervorquellen, werden gern kommentiert. Im Volkslied werden sie ihren pflanzlichen Hauptverursachern zugeordnet: »Ätze, Bunne, Linse, jo dat sin se, jo dat sin se«, die Tonfähigkeit der Hülsenfrüchte bejubelnd.

Mag der Rheinländer einen Menschen wirklich nicht, ist mit ihm überhaupt nicht zu reden, kann er ihm gar kein gute Seite abgewinnen und ihn auch nicht links liegenlassen, wird dieser kurzerhand zum »fiesen Möpp« erklärt. Das ist die schärfste Verurteilung des stets auf Ausgleich bedachten rheinischen Menschen und gleicht einer mittelalterlichen Verfluchung. Der fiese Möpp wird nicht mehr eingeladen und schon gar nicht angesprochen. Allein und von Stille umgeben muß er verkümmern, immer vorausgesetzt, auch er ist ein Rheinländer.

Übertreibungen gehören zum rheinischen Sprachgebrauch, besonders in aufgeplusterten Streitereien, bei denen sich die Kontrahenten gegenüberstehen, eigentlich aber nicht kämpfen wollen, sondern eine rhetorische Aufrüstung betreiben, um gleichzeitig den taktischen und geordneten Rückzug anzutreten. Da fallen Sätze wie: »Ich schlach dir dat Gesicht op der Rügge.« Oder: »Ich schlon dich pundwies aus dem Anzoch.« Nachdem das in aller Deutlichkeit gesagt ist, hat sich die Sache. Der geordnete Rückzug wird nicht als Schmach empfunden. Man darf jetzt endlich wieder ein Bier zusammen trinken. Die Rheinländer glauben eben an die Macht der Rede und sehen auch hier im Gesagten bereits den Vollzug. Ein Schlagabtausch zum Beweis eigener Stärke ist überflüssig geworden.

Glück im Winkel

Die rheinische Sprache besitzt einen Hang zum Diminutiv. Die Dinge und die Begebenheiten werden kleiner, alltäglicher, übersichtlicher – wie das Rheinland auch nicht allzu groß ist. Der Diminutiv zeigt, daß das Schlimmste nur halb so schlimm ist, eine eherne Überzeugung der Rheinländer. So heißt eine sich endlich ausdehnende Wartezeit: nur ein Viertelstündchen. Beginnender Alkoholismus wird gern mit dem »Nur noch ein Schlückchen«, respektive »Gläschen« kaschiert. Aus Gurken werden die lecker Gürkchen, aus einer Sache die Sächelchen und aus einem Mann dat Männche oder sein Gegenpart dat Fräuche. Schon in der Franzosenzeit trat dieser Zug zur gemütlichen Einrichtung in der sprachlichen Welt auf. Aus der Gabel, respektive der Fourchette, wurde das rheinische Forschettchen. Eine Vergnügung, die man in Ausdehnung und Intensität nicht einschätzen kann, die aber zur Komplettierung des Alltags sehr nötig ist, nennt man seither ein Divertissementche. »Allez vite!«, »schnell, schnell«, riefen die Franzosen den gemütlichen Rheinländern zu, und die bequemten sich zumindest zu einer Raschheit in der Verkleinerungsform, dem sogenannten Allewitsche.

Rheinisches Sprechen, II

Der Rheinländer trägt sein Herz auf der Zunge. Was ihm durch den Kopf geht, was ihn im Herzen trifft, das spricht er aus.

Tabuthemen gibt es nicht. Denn nichts Menschliches ist den Rheinländern fremd. Mit der eigenen Meinung oder Einschätzung hält man nicht hinter dem Berg, auch wenn man durchaus bereit ist, sie sofort zu relativieren – denn was ist nicht relativ im Rheinland? Mit sich reden zu lassen, darauf kommt es schließlich an. So behalten die Rheinländer gern das letzte Wort, was dazu führt, daß die Unterhaltung zweier Rheinländer ewig dauert. Einfaches Miteinanderreden wird klaafen genannt, es dauert zwischen zehn Minuten und einer Stunde. Die Steigerung als gemütlicher Verzell, bei dem man Gott und die Welt Revue passieren läßt, dauert mindestens einen Abend. Die Rheinländer als bekennende, beichtfreudige Sünder reden gern und ausführlich über alles, aber auch alles. Krankheit, Katastrophen, Knies, die drei großen K jeder anregenden Konversation stehen ganz oben auf der Themenhitliste. Stets haben die Rheinländer, egal, um welches Thema es sich gerade dreht, ein Beispiel aus dem eigenen Lebens- und Erlebenskreis parat, in dem sie unweigerlich das Zentrum der Aufmerksamkeit sind. Wichtig ist im Rheinland die farbige Ausschmückung des Geschehens, die Erweiterung des Wirklichen in den Bereich des Möglichen. Ob immer die Wahrheit gesagt wird, steht auf einem anderen Blatt.

»...Pauschal«

Paul Bilton
Die Schweizer pauschal
Band 13492

Rodney Bolt
Die Holländer pauschal
Band 13494

Stephanie Faul
Die Amerikaner pauschal
Band 13391

Alexandra Fiada
Die Griechen pauschal
Band 13764

Ken Hunt
Die Australier pauschal
Band 13491

Louis James
Die Österreicher pauschal
Band 13392

Sahoko Kaji
Die Japaner pauschal
Band 13871

Drew Launy
Die Spanier pauschal
Band 13396

Antony Miall
Die Engländer pauschal
Band 13493

Martin Solly
Die Italiener pauschal
Band 13395

N. Yapp/M. Syrett
Die Franzosen pauschal
Band 13393

Stefan Zeidenitz/
Ben Barkow
Die Deutschen pauschal
Band 13394

Fischer Taschenbuch Verlag

fi 7000 / 5